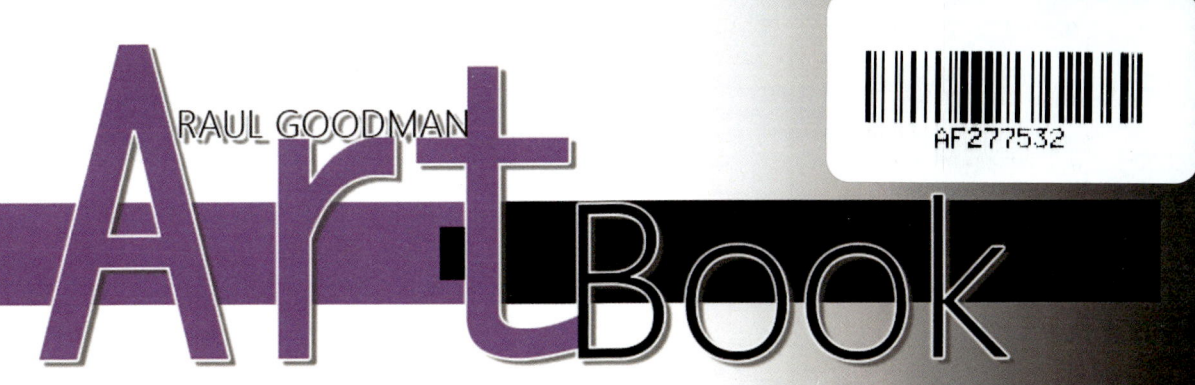

RAUL GOODMAN

Art Book

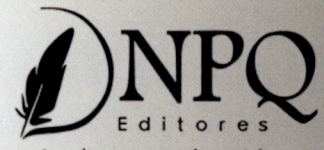

Raul Goodman ArtBook
© Del texto: Raul Goodman
© De la corrección: Raul Goodman
© Del diseño de portada e interior:
   Raul Goodman
© De esta edición: NPQ Editores
www.npqeditores.com
edicion@npqeditores.com
Primera edición: octubre, 2025
Impreso en España

Los papeles que usamos son ecológicos, libres de cloro y proceden de bosques gestionados de manera eficiente.

PEFC

ISBN: 979-13-87868-36-9
Depósito legal: V-3896-2025

@RAULGOODMANART

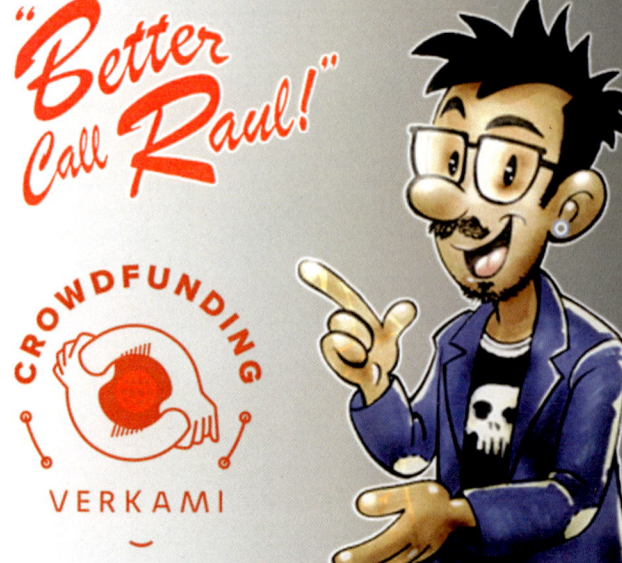

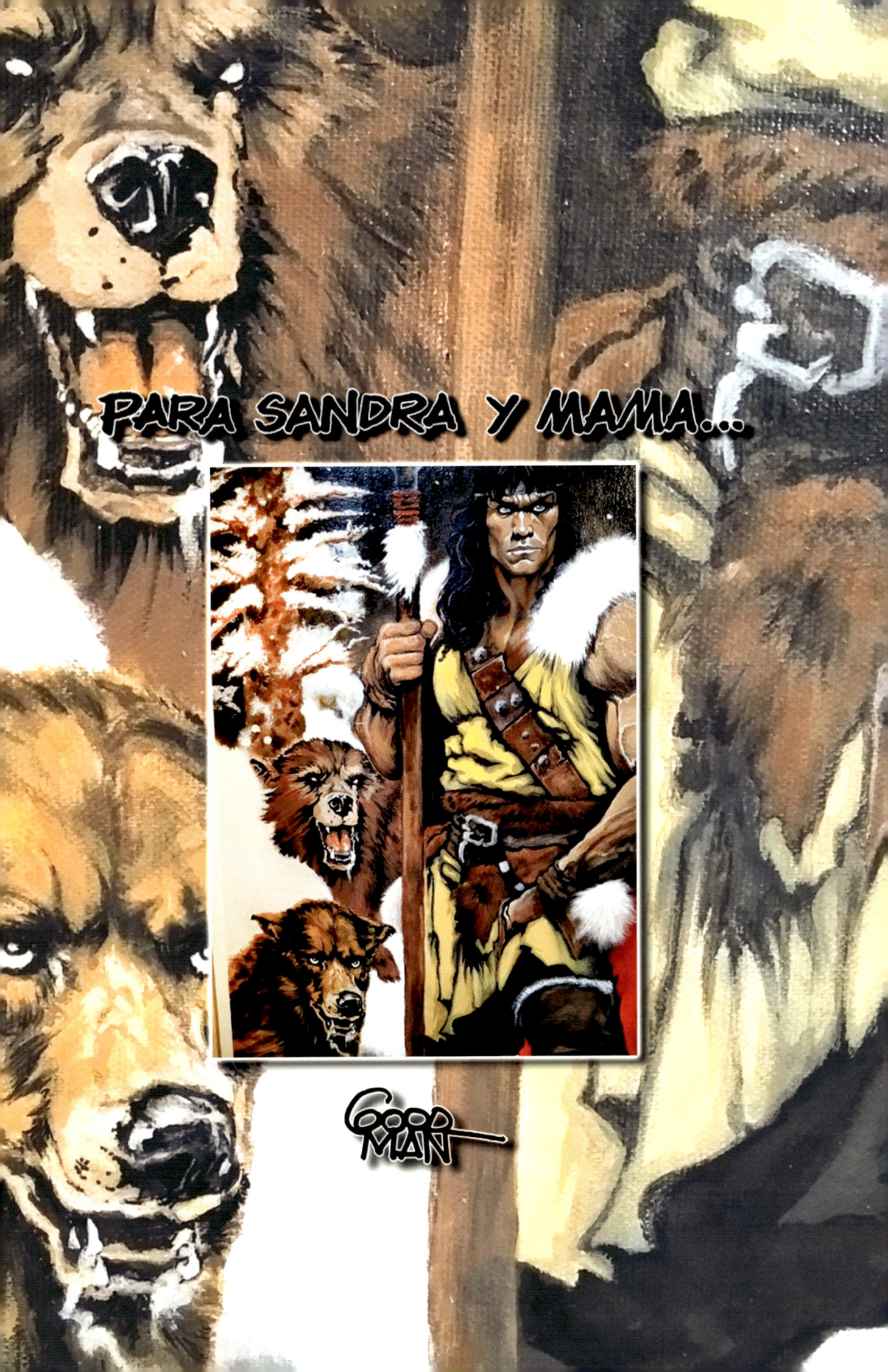

table of contents

Prólogo

La obra de Raul habla por sí sola, así que prefiero hablaros del autor. Como su nombre indica, Raul Goodman es un buen hombre. No le imagino con un nombre artístico como "Raul BadMotherFucker"... Todos tenemos alguna buena persona en nuestra vida a la que apoyamos y deseamos que todo le vaya bien. En mi caso me pasa con Raul y poco más. Nos conocimos por esa extraña simbiosis que hay entre los dibujantes y los podcasters, muy parecida a la que tienen los rinocerontes con los pajaritos come-parásitos-de-rinocerontes. Los podcasts ofrecen compañía para las horas solitarias del dibujante y los artistas a su vez nos permiten poder presumir de tener oyentes tan fabulosos y talentosos. Por eso os invito a apoyar, fomentar y enorgulleceros de conocer artistas tan brillantes y accesibles como Raul.

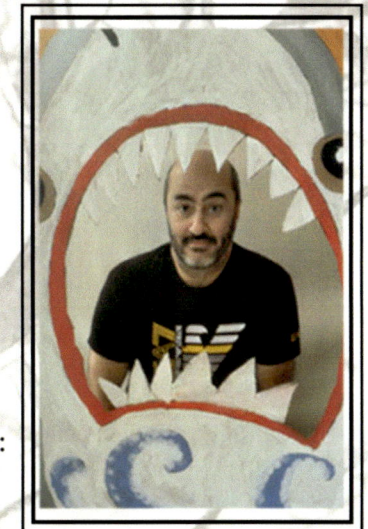

Chiquito de la Calzada triunfó a los 60 años y a Raúl le veremos pronto en una gran editorial.

Tiempo al tiempo.

Fernando Acae,
Podcaster de Referencia:
"Stallone de mi Vida"
"Megalomanía"

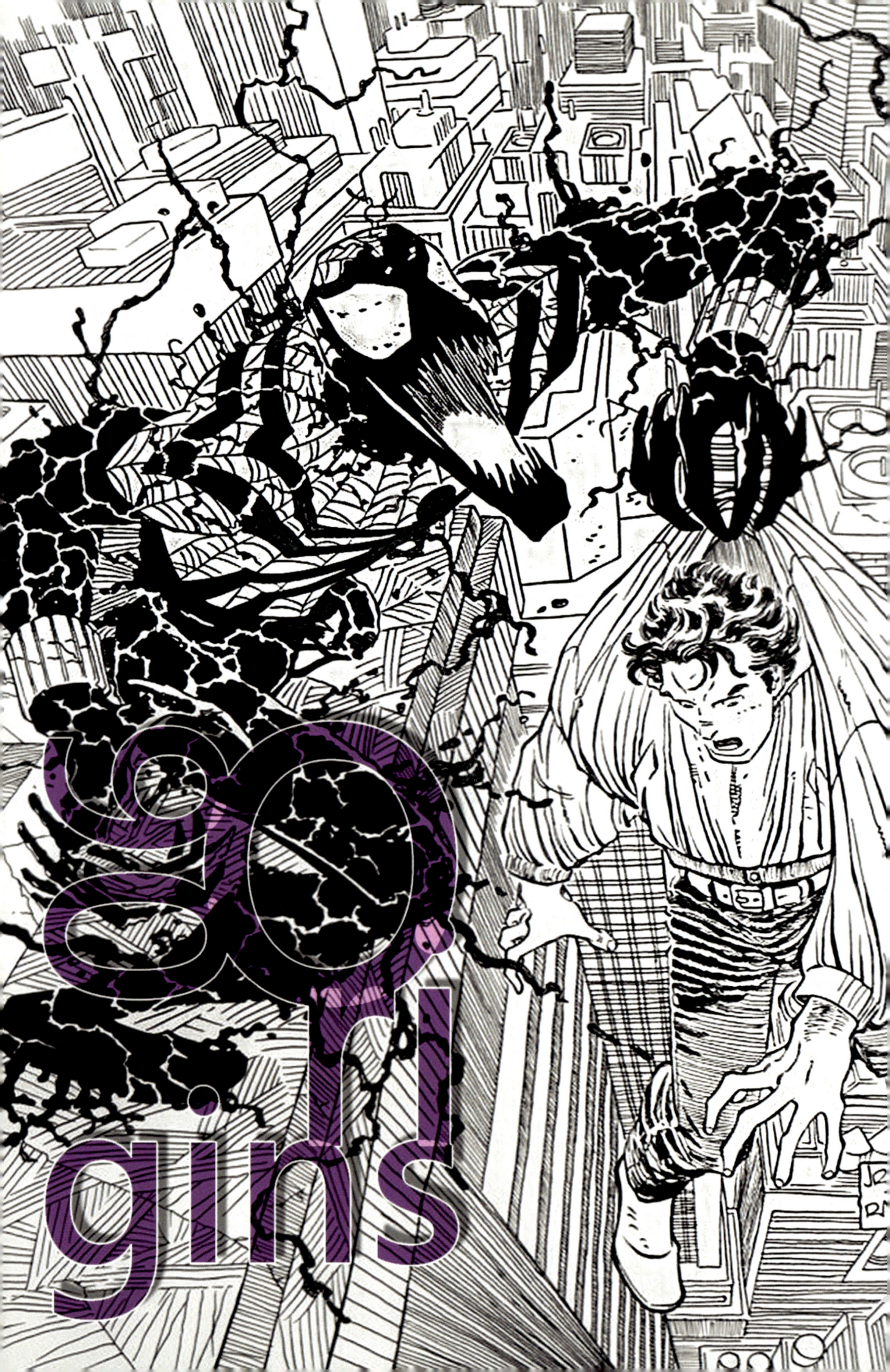

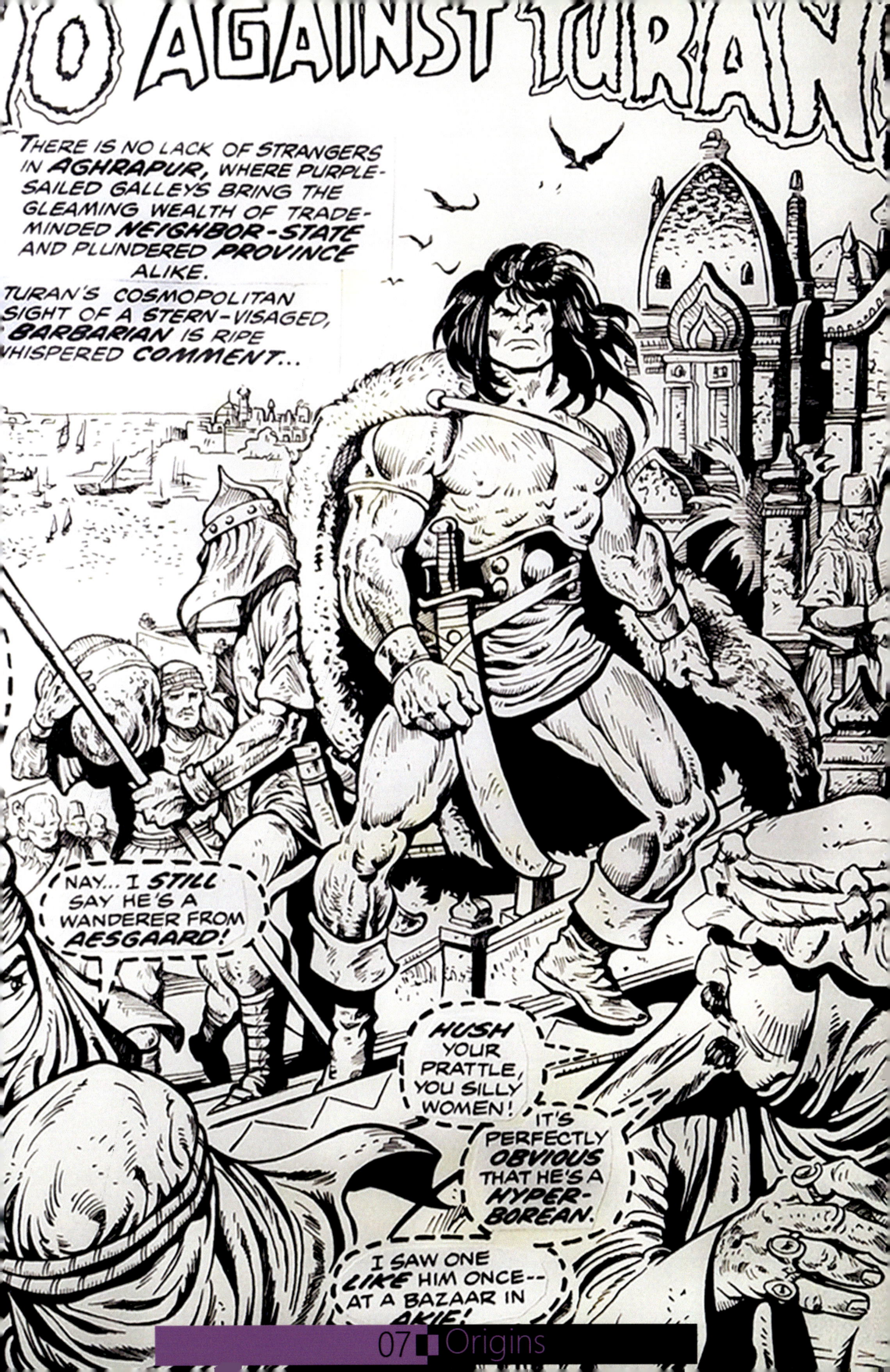

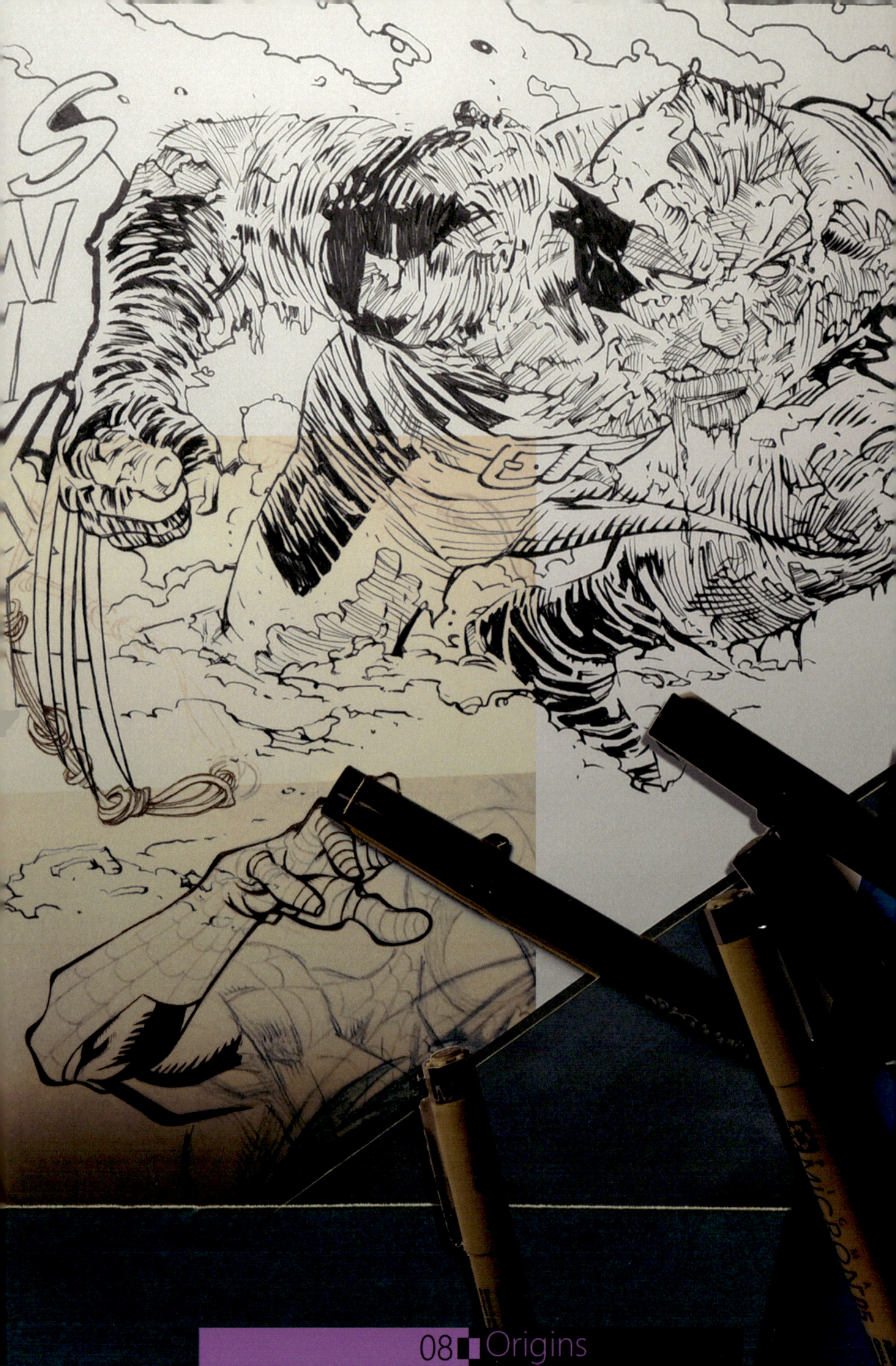

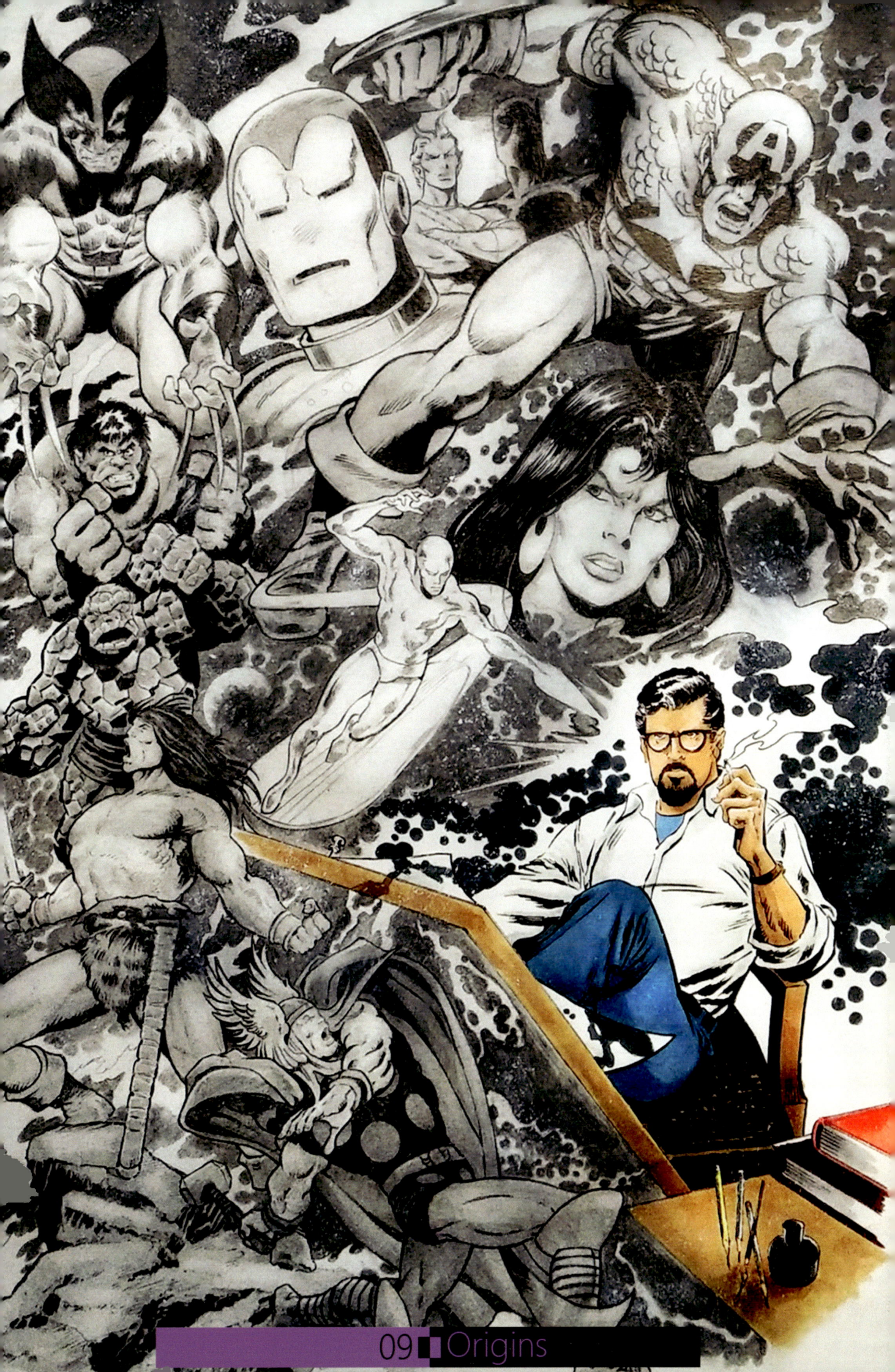

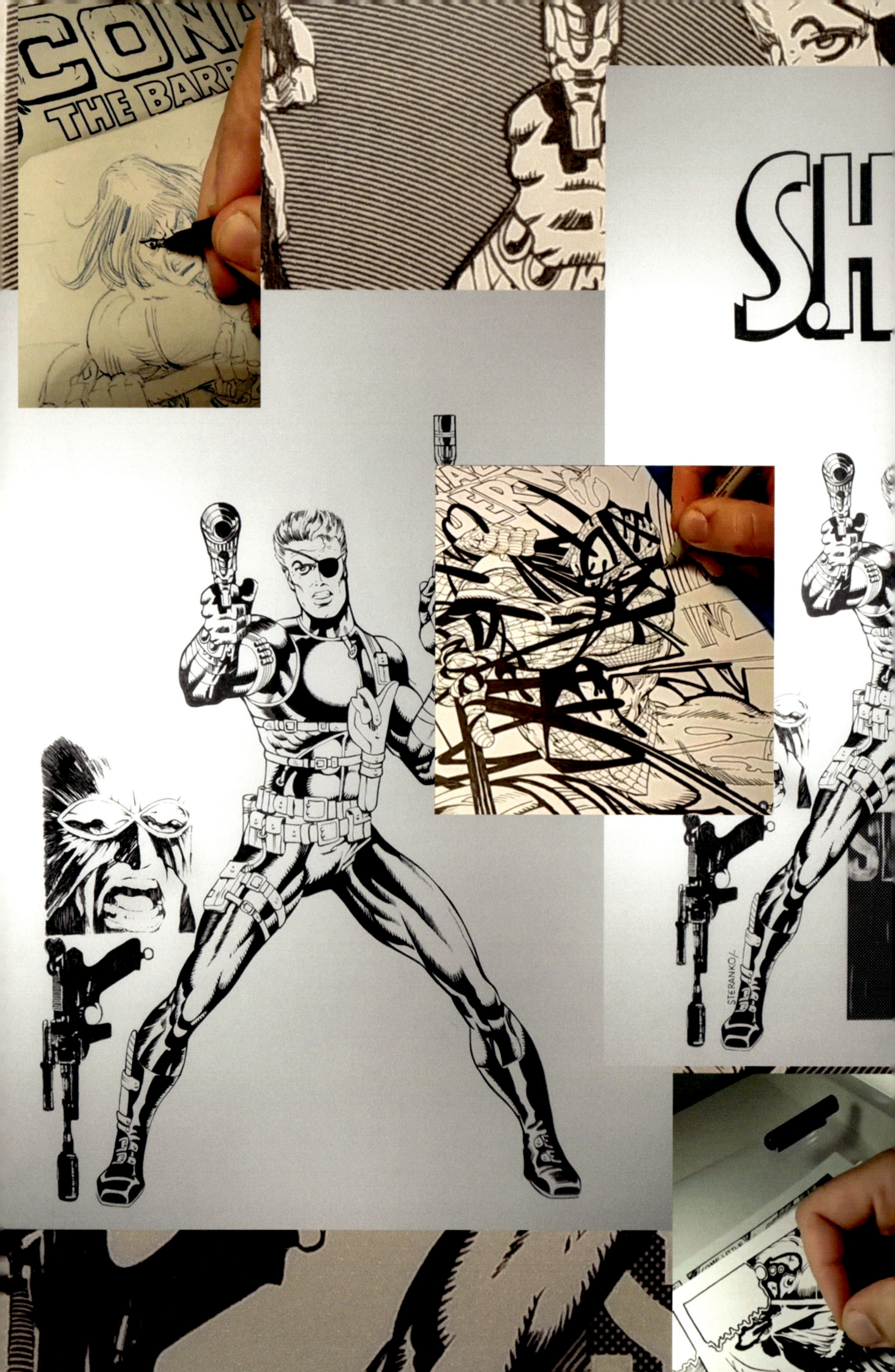

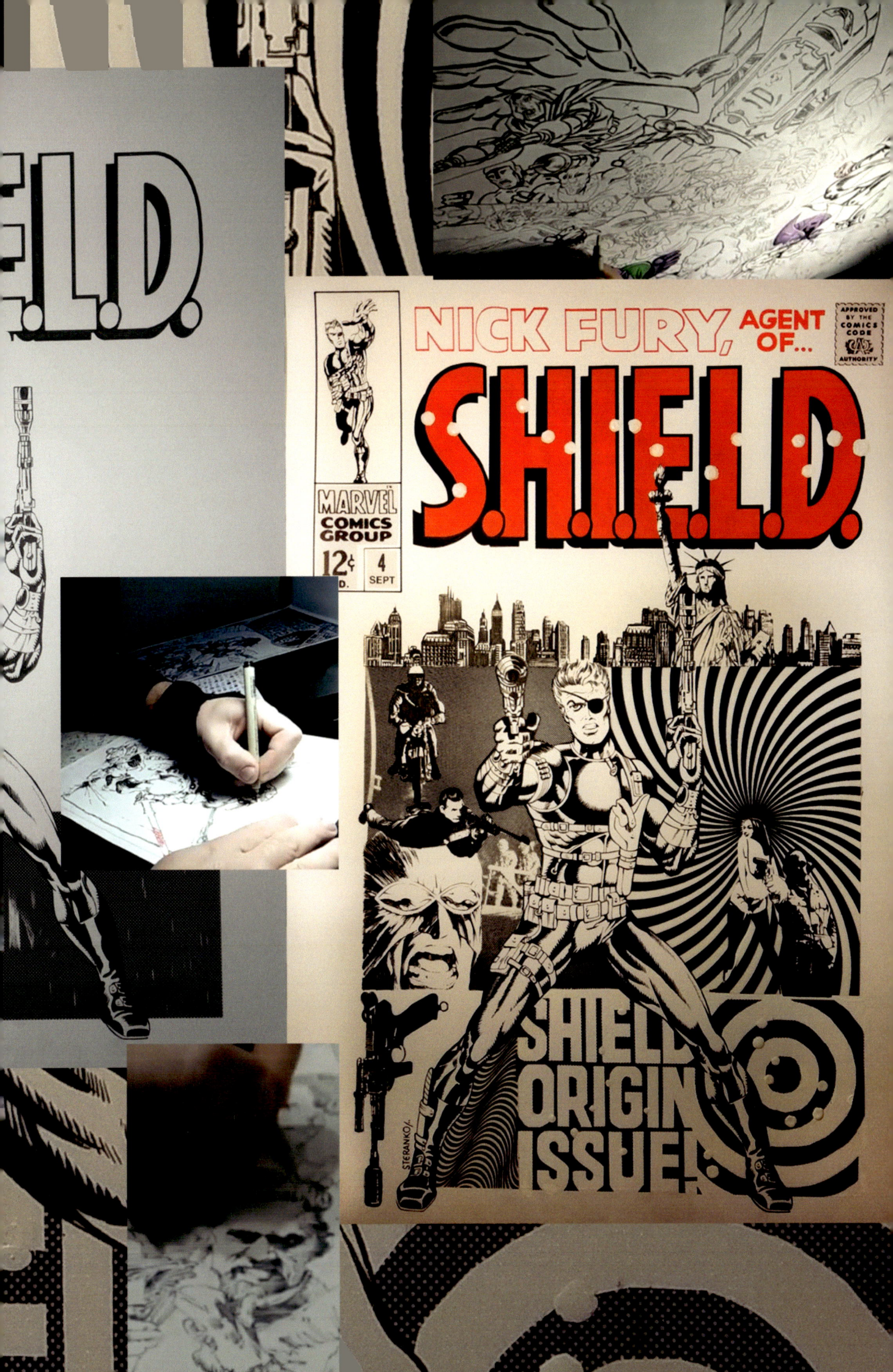

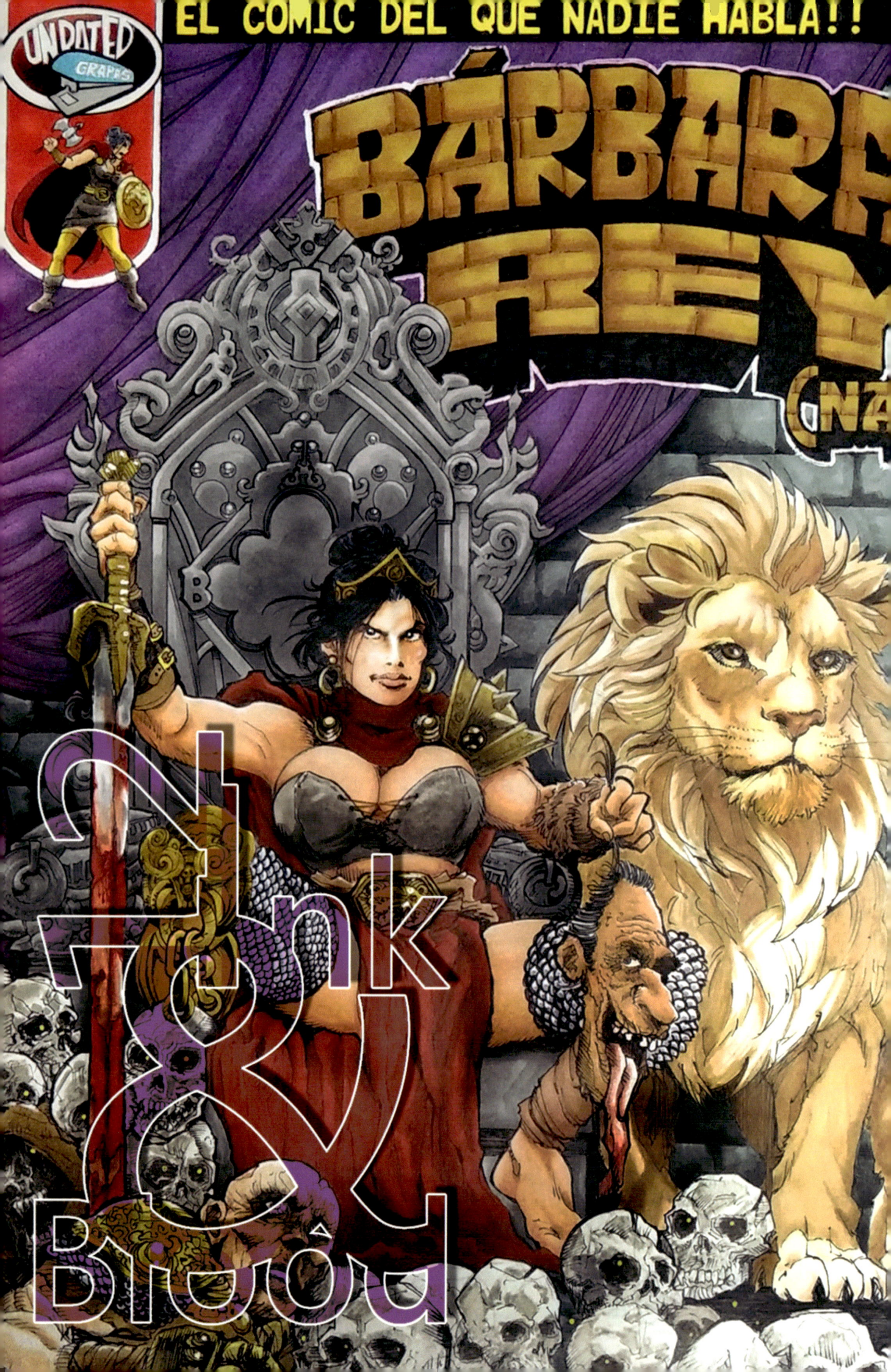

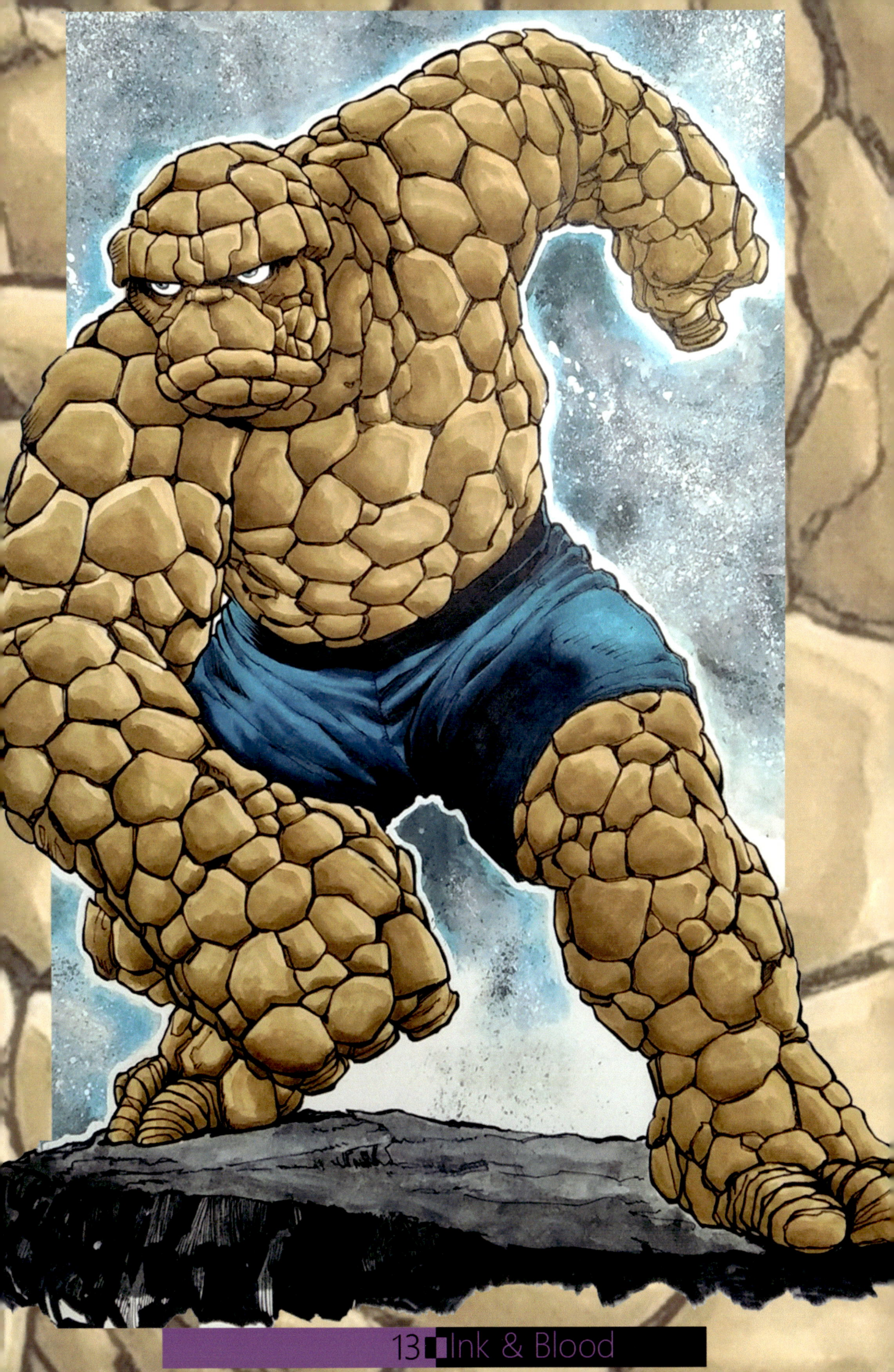

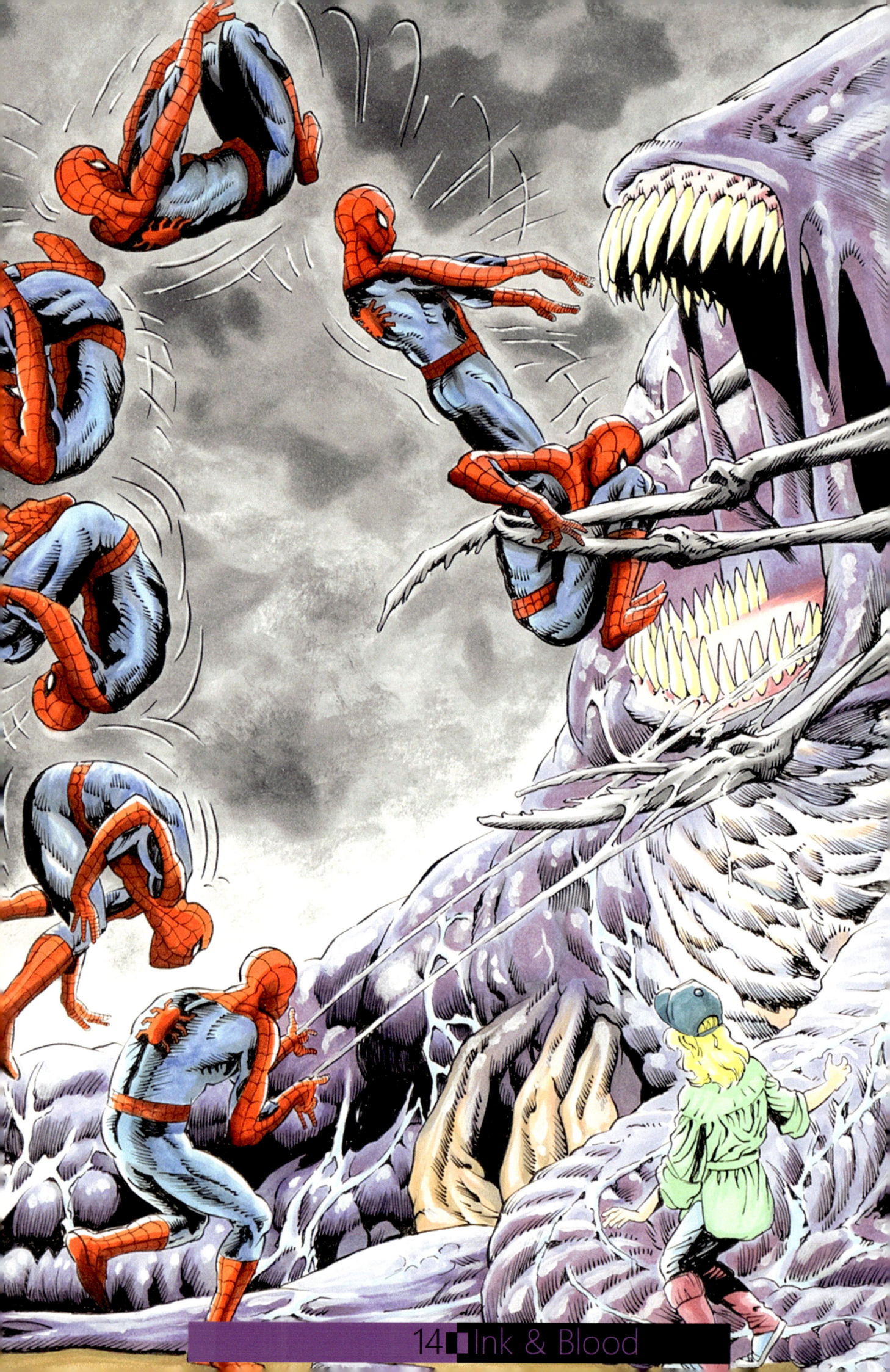

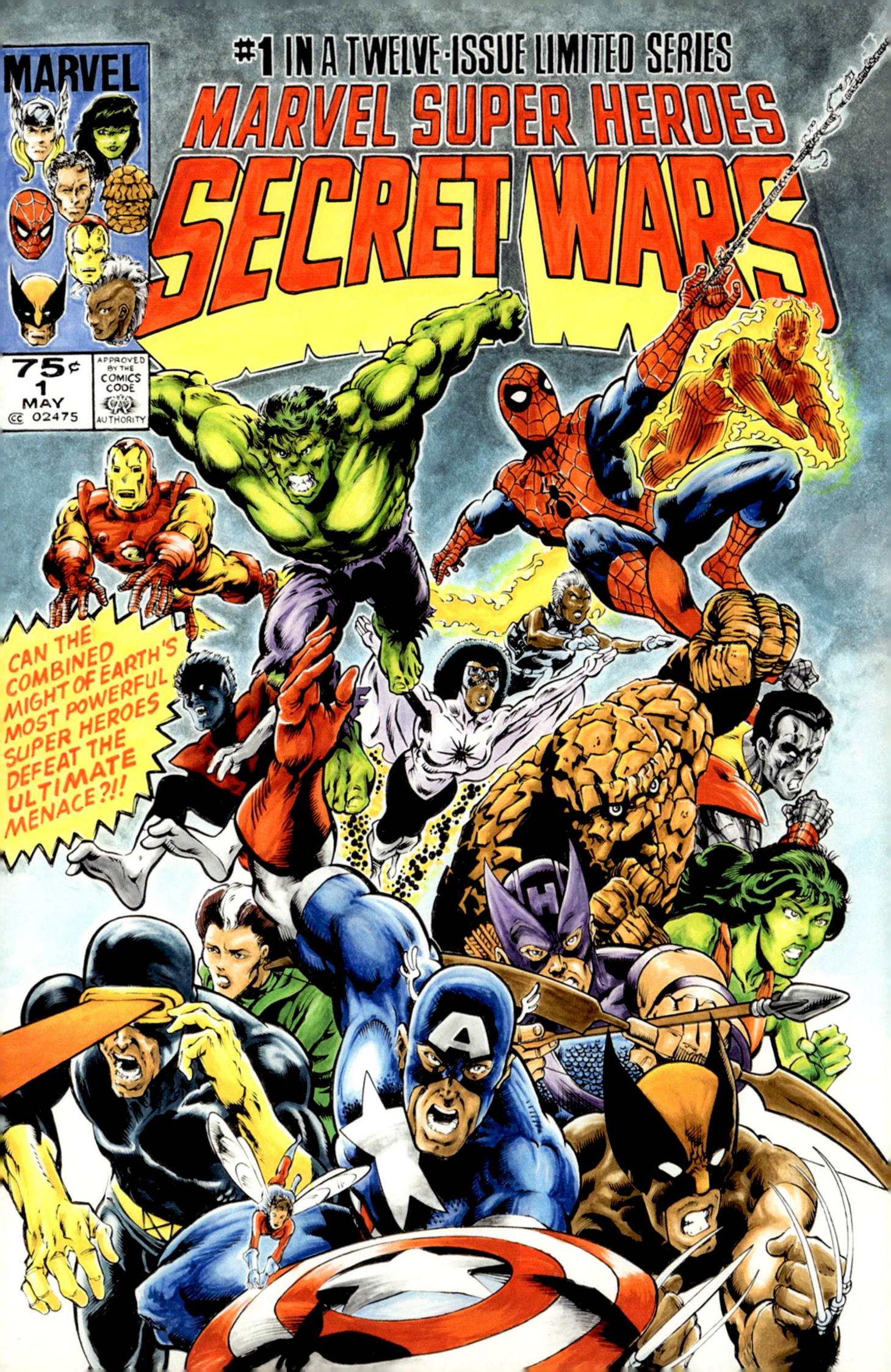

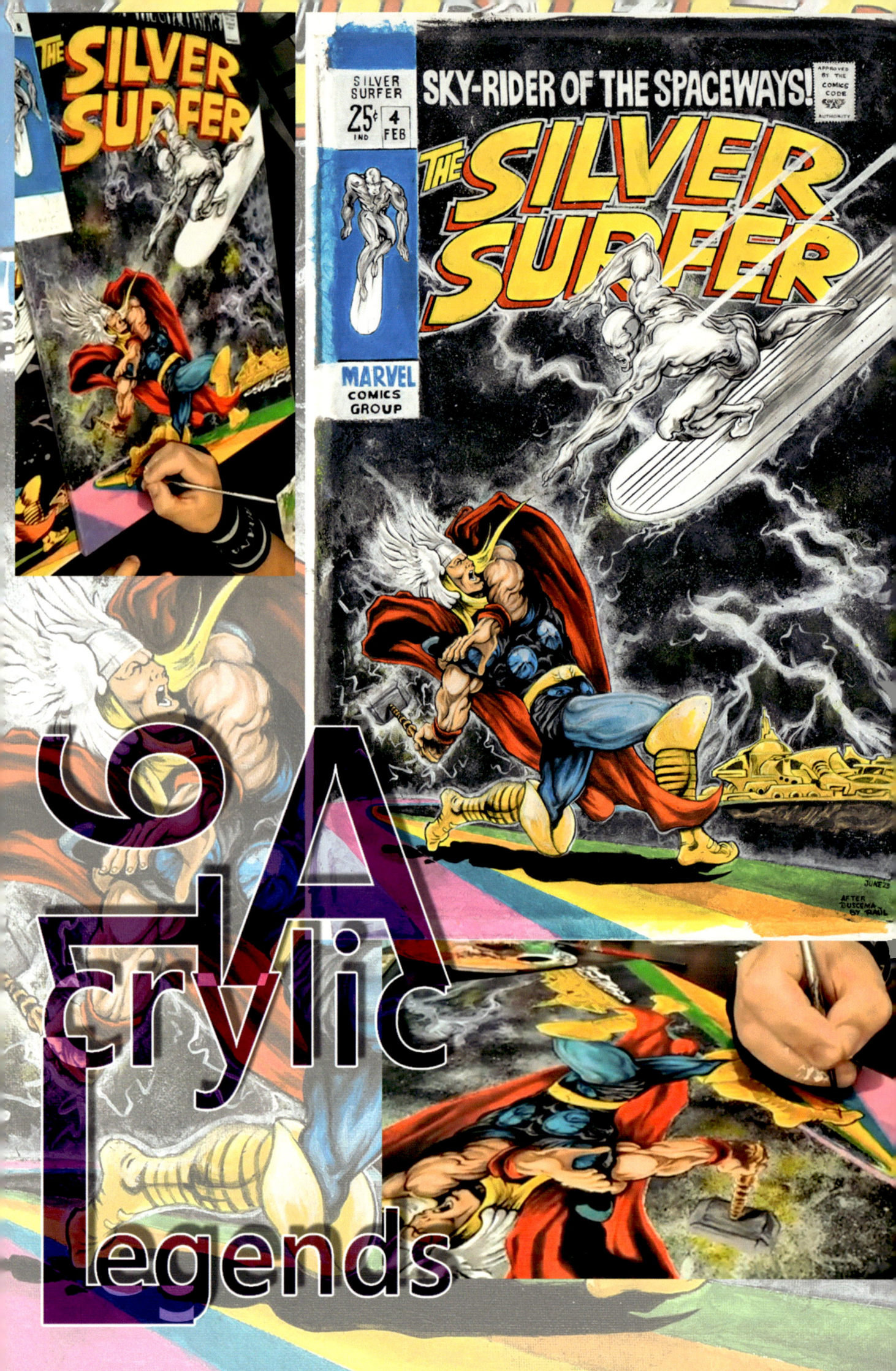

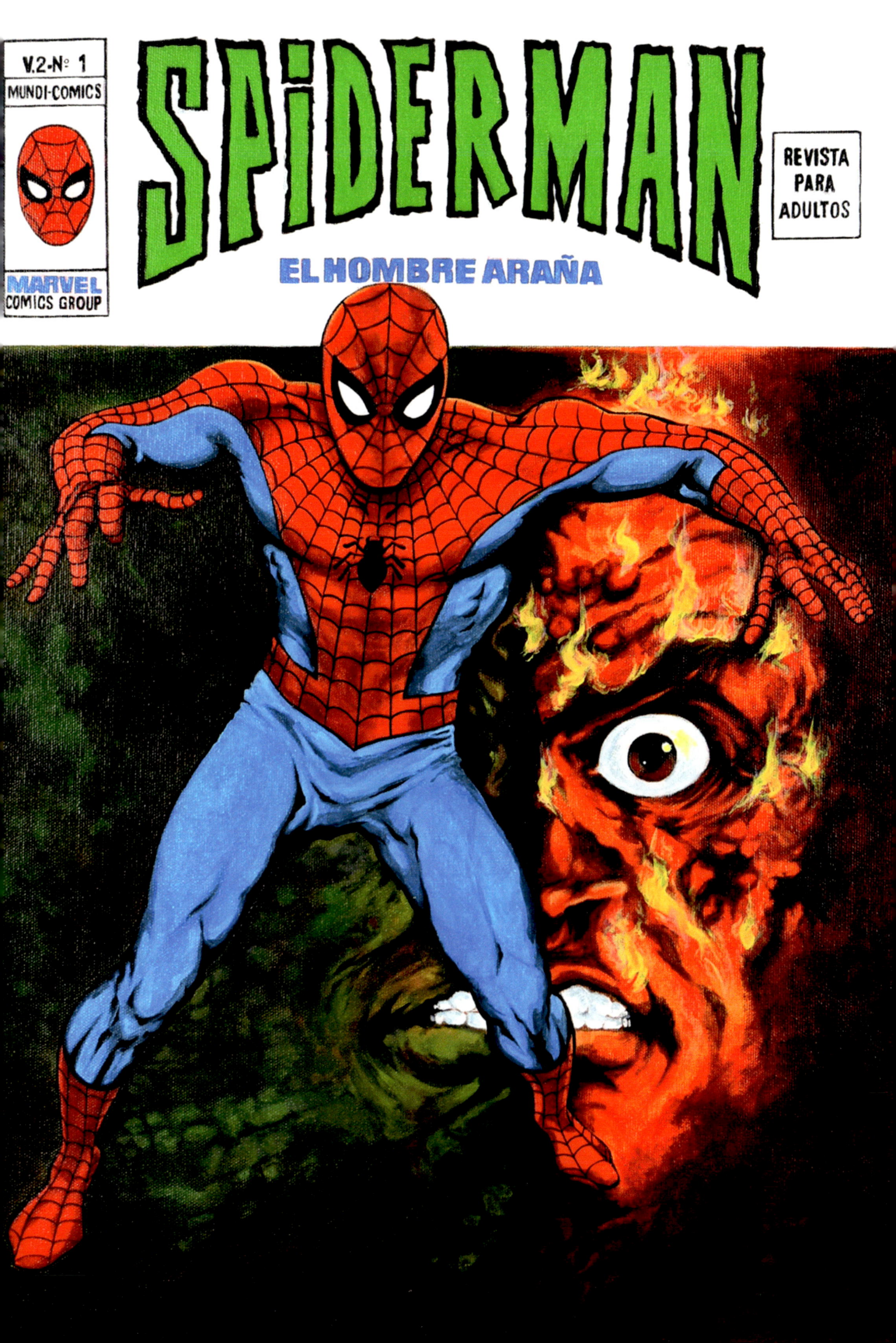

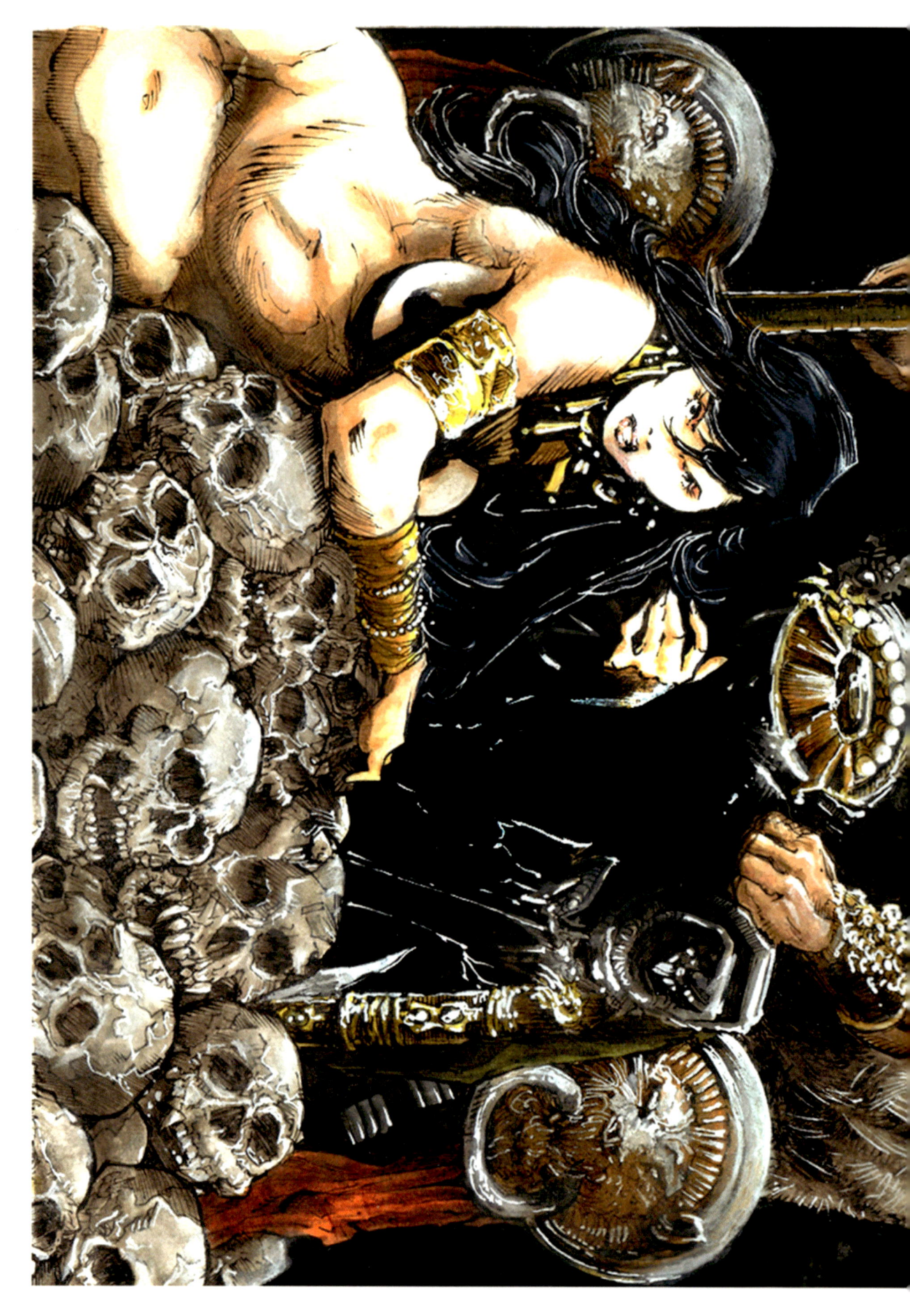

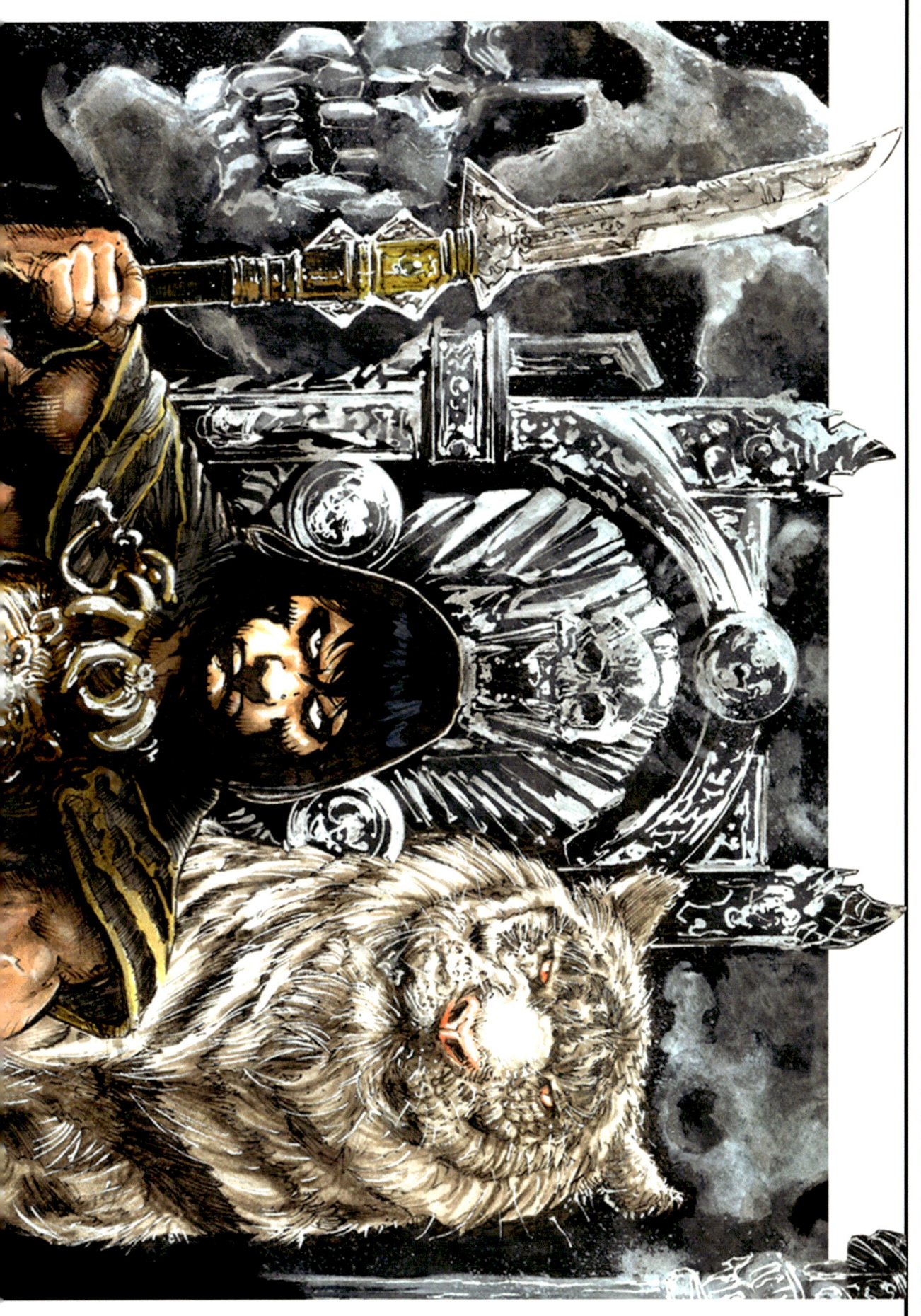

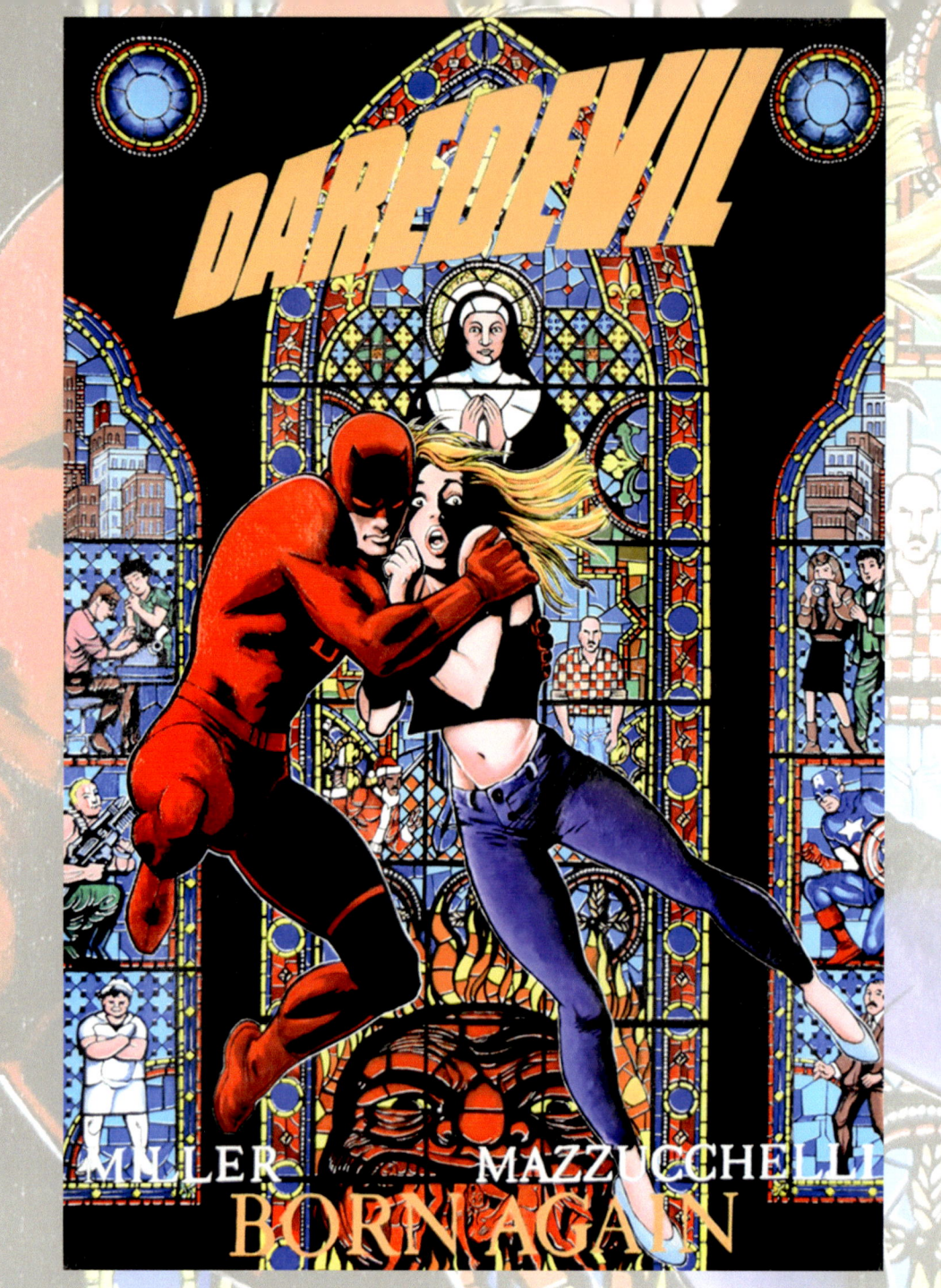

Si bien la primera colaboración entre **Frank Miller** y **David Mazzucchelli** se produjo de forma esporádica en el número anterior, podemos afirmar que Frank **Miller** volvió a guionizar con su característica aspereza **Daredevil** - había abandonado al personaje tres años antes - en el número **227 de febrero del 86** en un arco que abarcaría hasta el número 233 y que constituye **"Born Again"** , donde vemos al alter ego del superhéroe, **Matt Murdock**, desmoronarse bajo las maniobras de **Kingpin**, quien había averiguado su identidad secreta gracias a que una antigua **novia de Murdock** (y que acompaña a nuestro héroe en portada del volumen que recopila la historia, aquí presente) había vendido esa información por una dosis de **heroína**. El **dibujo** de esos números y de esta portada corrió a cargo de David **Mazzucchelli**, quien se había hecho cargo del personaje dos años antes. El guión de **Miller**, junto con el dominio de Mazzucchelli de las líneas cinéticas logran que cuatro décadas más tarde, se siga considerado **"Born Again"** como un referente del denominado **Noveno Arte.**

En esta ilustración Raul **Goodman** se muestra muy respetuoso con el material de Mazzucchelli, si bien pueda parecer que el color rojo de uniforme de **Daredevil** no sea tan marcado como en el original, en especial en su zona superior, pero que favorece y da **luminosidad** al fondo de la imagen, dominada por una representación de **arte sacro** que aglutina, con tonos crudos y oscuros, los **personajes** y situaciones que conforman la **trama**. Apreciamos con facilidad el **movimiento** y las gradaciones de **tono** de los dos personajes en primer plano y analizamos con curiosidad las **figuras estilizadas** del fondo, para terminar apreciando la composición general. El recurso de una **representación sacra** no es gratuita ya que en el margen inferior de la imagen se observa la destrucción (**representada por Kingpin**) mientras que la superior se vuelve luminosa alrededor de la **Hermana Maggie**, quien representa la **salvación**, algo que necesitan tanto **Matt** como **Karen**, la segunda al haber tocado fondo en la vida y el primero obligado a manos de **Kingpin** a renacer de sus cenizas. El dibujo de **Raul Goodman** destaca la cara atemorizada de **Karen** y la intensidad de la expresión de **Daredevil** sin necesidad de exagerar las líneas y sin olvidar que, pese a todo, estamos ante un **evento penetrante lleno de crítica y simbolismo.**

Como se cita al **final** del último número de **Born Again: No hace falta saber más...**

Tito Gray

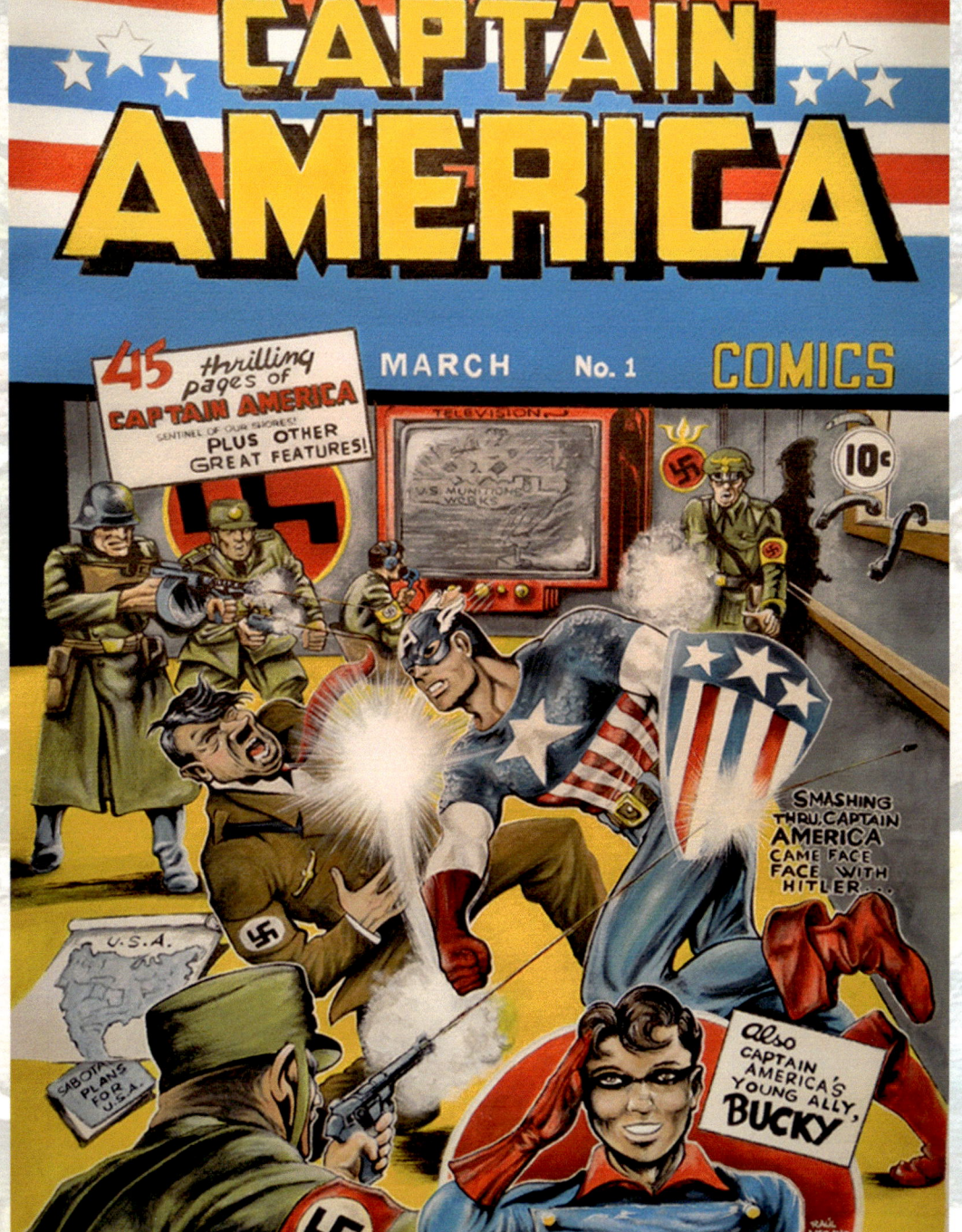

Llegó en el momento más oportuno. **Hitler** había llevado a la práctica sus planes para dominar **Europa** y l os **norteamericanos**, bajo su política **no intervencionista,** contemplaban impotentes la situación geopolítica al otro lado del Atlántico. Mezclando de forma novedosa la fantasía con la realidad, dos hijos de inmigrantes judíos, el guionista **Joe Simon y el dibujante Jack Kirby**, crearon al superhéroe patriótico definitivo para la editorial **Timely (la futura Marvel)**: el **Capitán América**. La idea no podía ser más perfecta. Por un lado, el joven raquítico **Steve Rogers**, incapaz de servir a su patria en los campos de batalla pero que se convierte en un **supersoldado** al prestarse como conejillo de indias en un experimento científico militar. Le acompañaba el adolescente **Bucky Barnes**, representando la juventud norteamericana que aventuraba un conflicto bélico inevitable. No hubo que recurrir a la imaginación para encontrar al **villano**, existía en la vida real, el mismísimo **Adolf Hitler,** a quien secundaba el que sería a la postre el archienemigo del Capitán América, **Cráneo Rojo**. Con todos estos elementos, el 20 de diciembre de **1940** salió a la venta el primer número de nuestro héroe (si bien se fechaba en marzo de ese año), en cuya espectacular portada aparecía el **Capi** propinándole un puñetazo a **Hitler** en su rostro, un deseo que muchos norteamericanos, sin aún estar su país en estado de guerra, compartían. El **sueño** hecho realidad en formato cómic: tener la oportunidad de **vapulear** al hombre más odiado del mundo. Se nos presenta a **cuatro militares** en una sala disparando a la vez al **Capi** y otro más monitorizando una televisión ajeno a lo que sucede a sus espaldas: el Capi con su **escudo triangular** colgando de su brazo izquierdo mientras con el derecho atiza al **líder nazi.** Por su parte, el **joven Bucky** se presenta saludando directamente al lector. Las destacadas **esvásticas** no dejaban lugar a dudas, el Capi se había infiltrado en el cuartel general del **Führer,** pero si querías saber cómo había ocurrido tendrías que comprar el número y vaya si se vendió: cerca de un **millón** de norteamericanos se entregaron a las andanzas del defensor de las **barras y estrellas.** Por aquel entonces los **cómics** se editaban en un papel color crema blanquecina y las futuras reimpresiones del ejemplar han resaltado, quizás en exceso, los **colores.** En el caso de la reproducción de **Raul Goodman**, la experiencia visual crea una **emoción directa** en el lector ya que el autor ha optado por usar una **tonalidad** más monocromática, menos intensa, capturando el **momento** como si fuera una primigenia instantánea **fotográfica** que convierte el **instante en iconografía.**

Tito Gray,
Divulgador Cultural y Podcaster

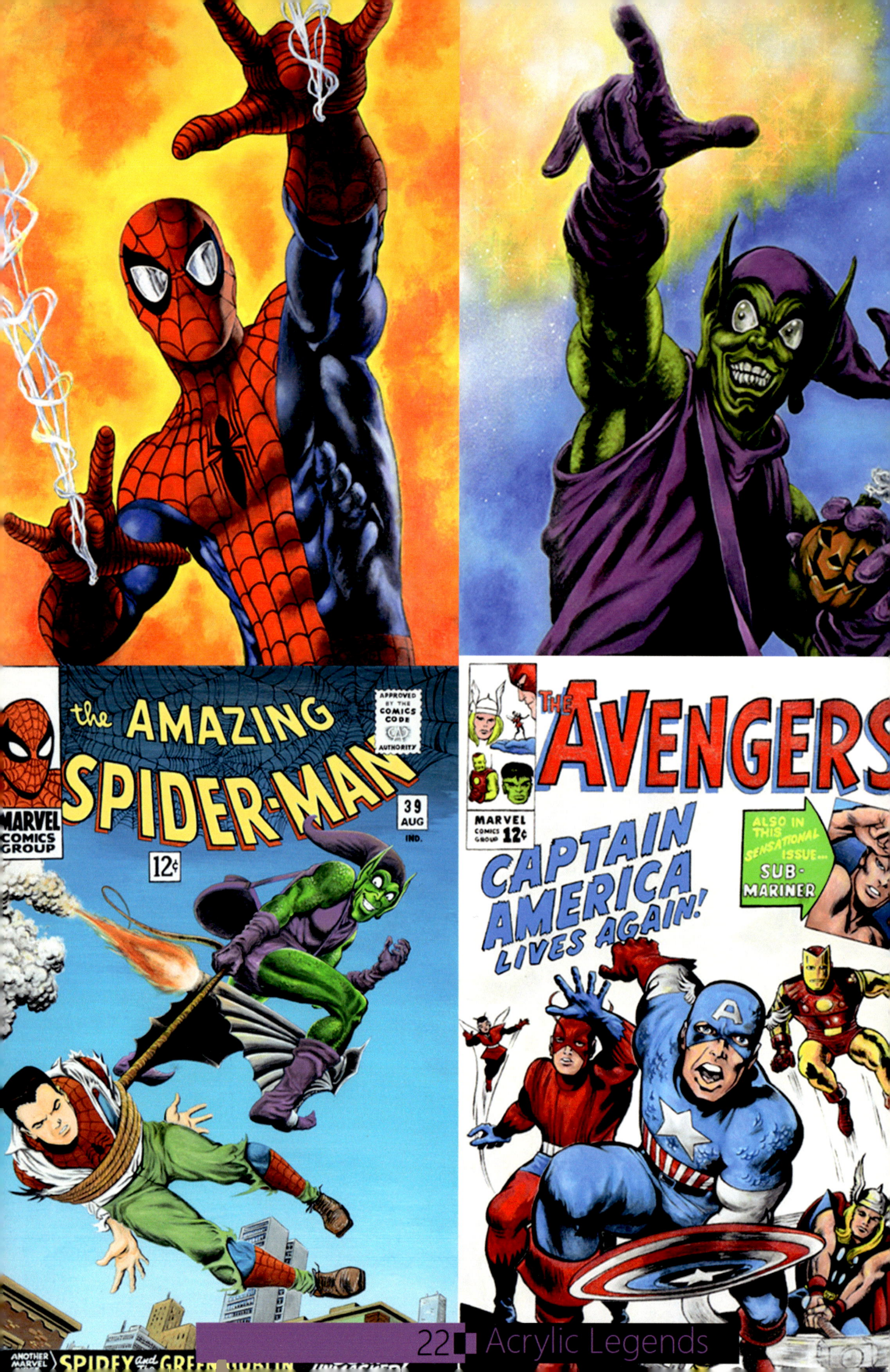

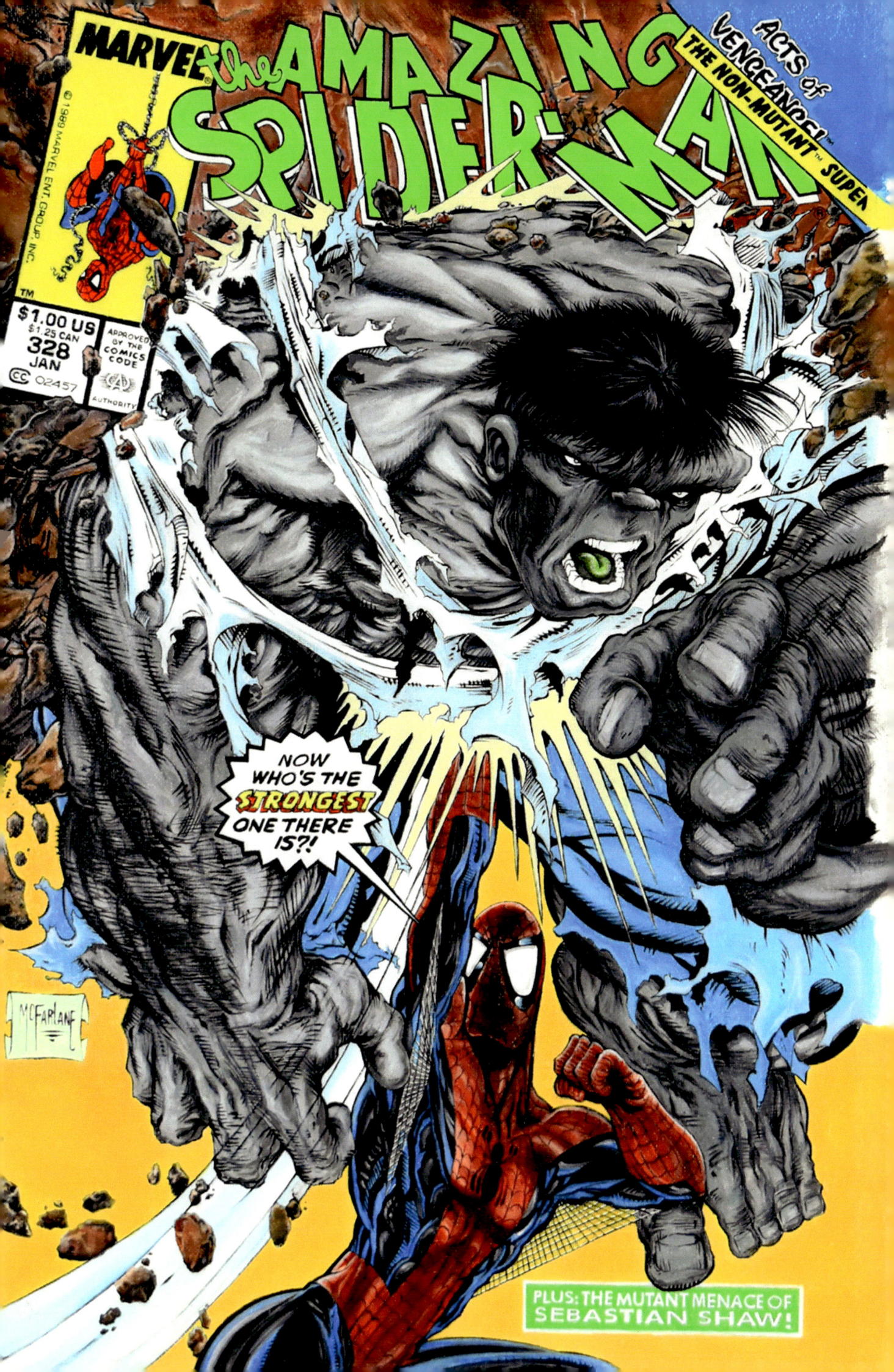

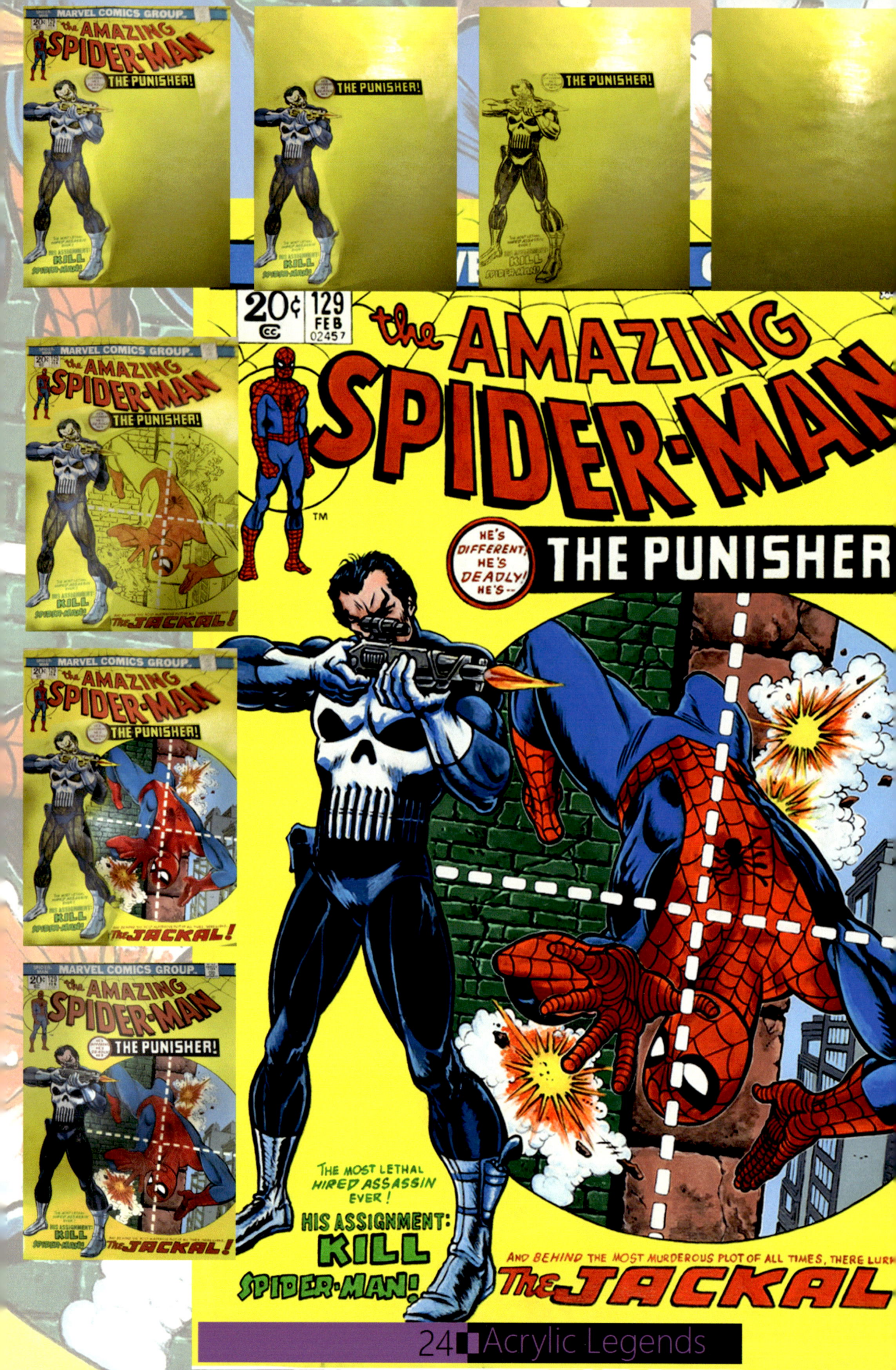

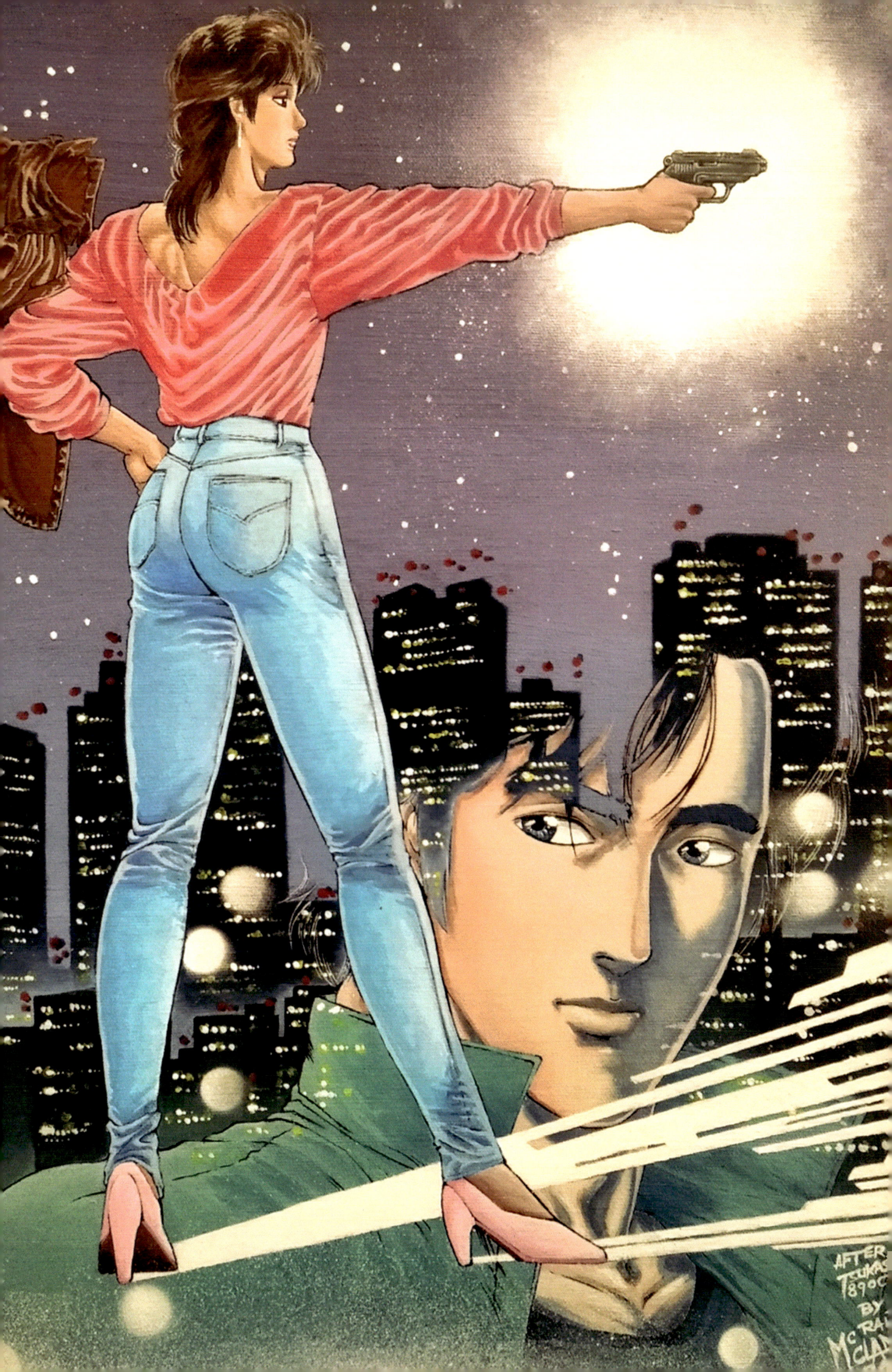

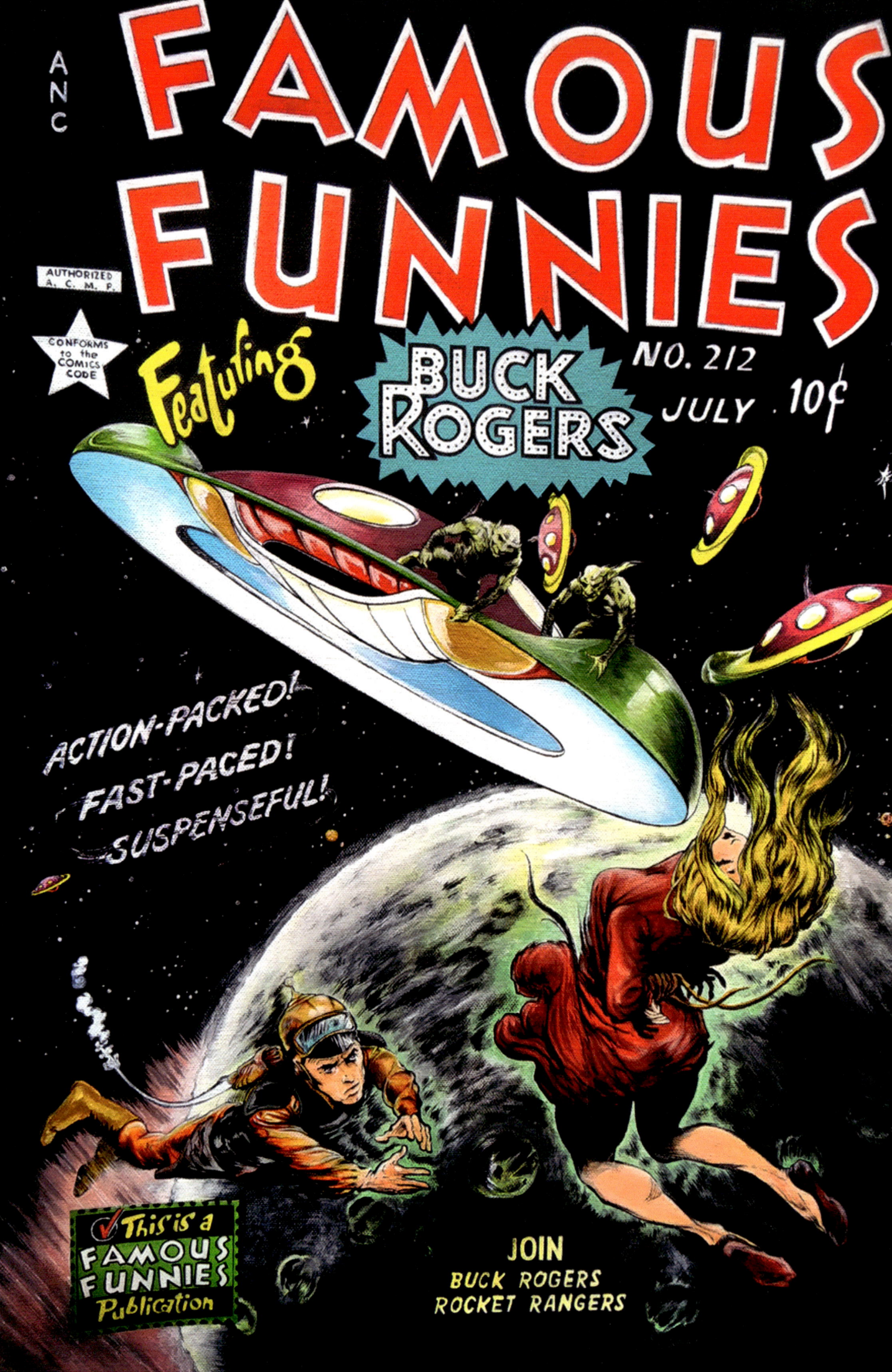

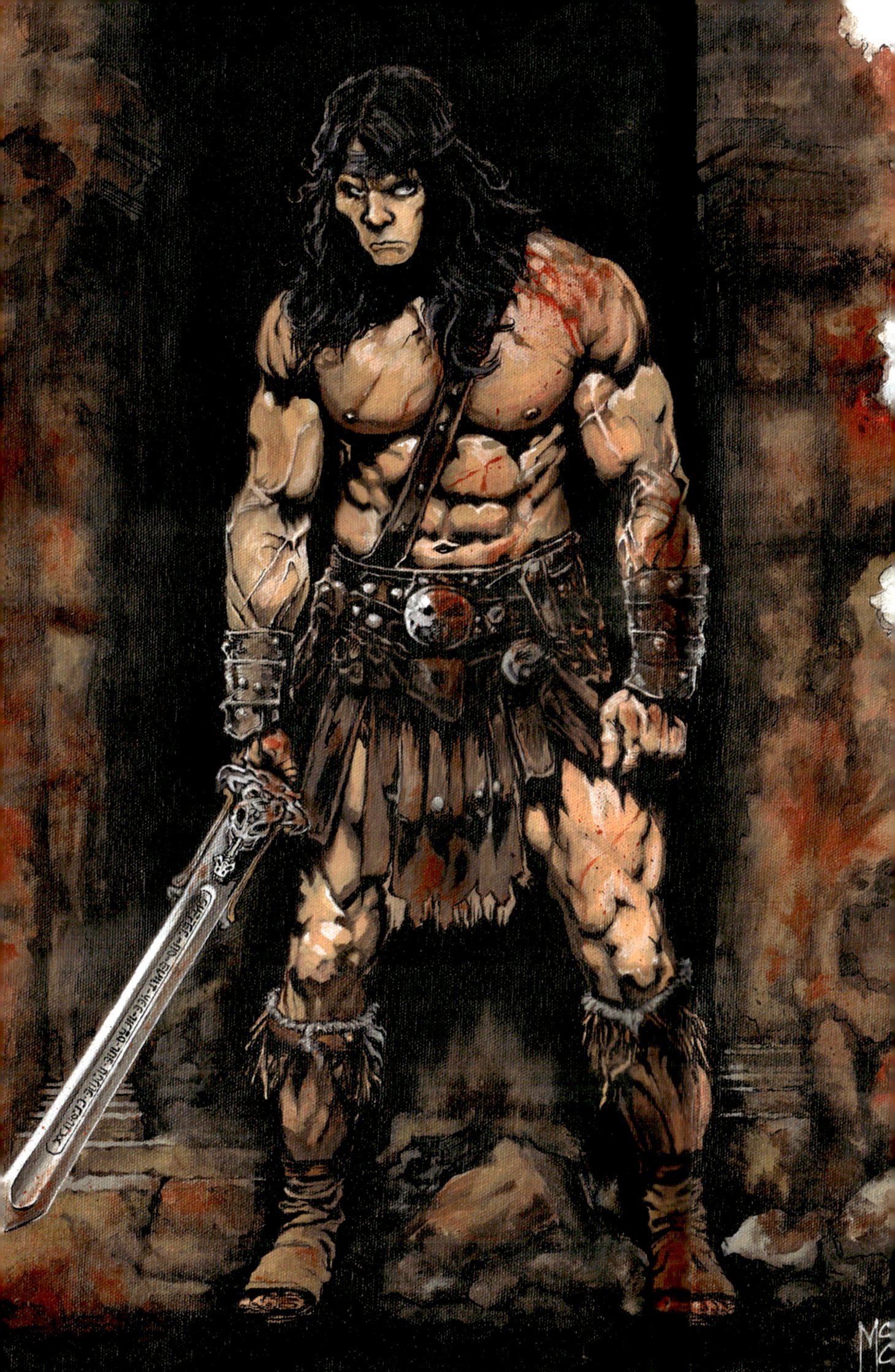

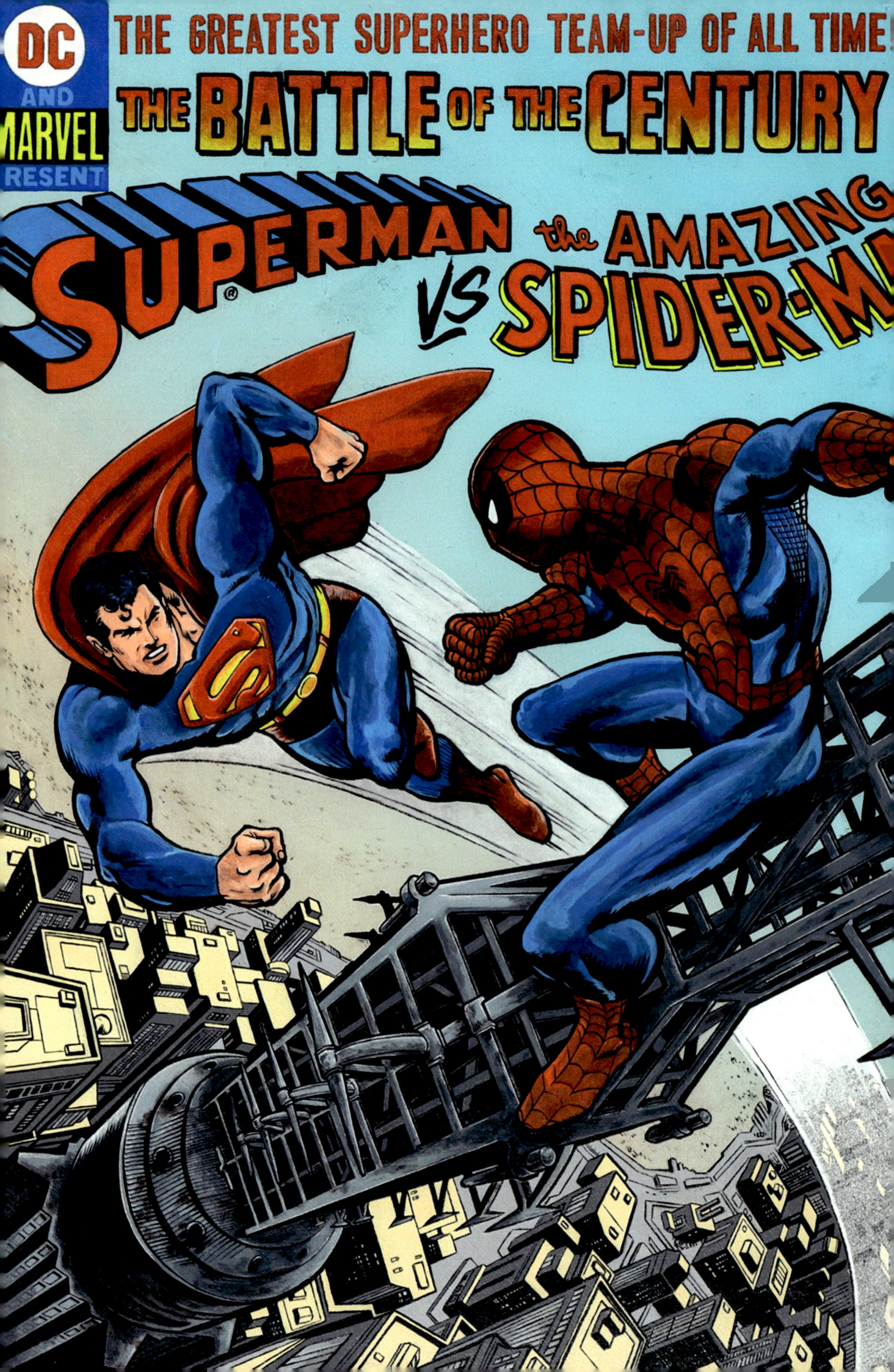

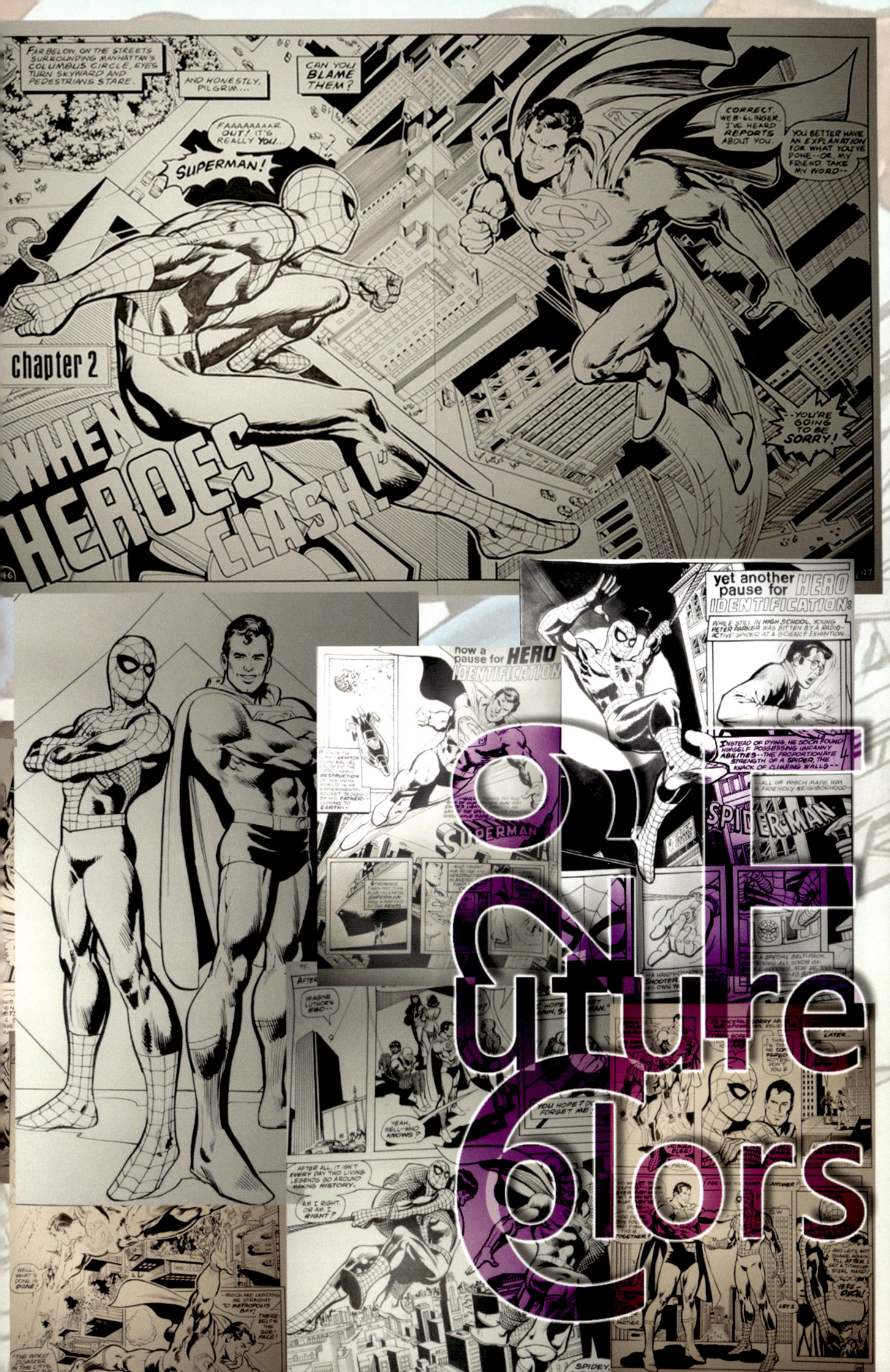

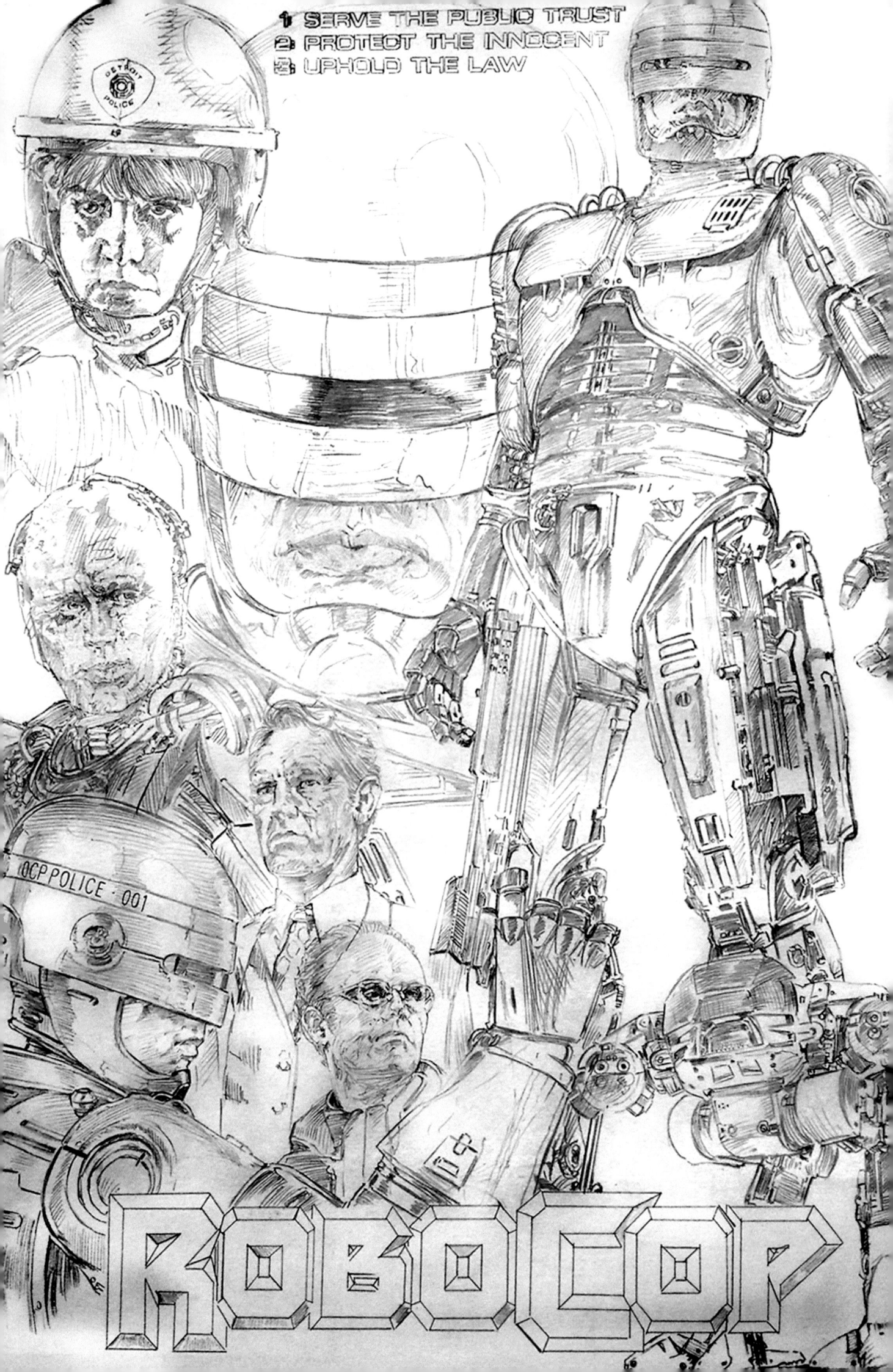

1 SERVE THE PUBLIC TRUST
2 PROTECT THE INNOCENT
3 UPHOLD THE LAW

ROBOCOP

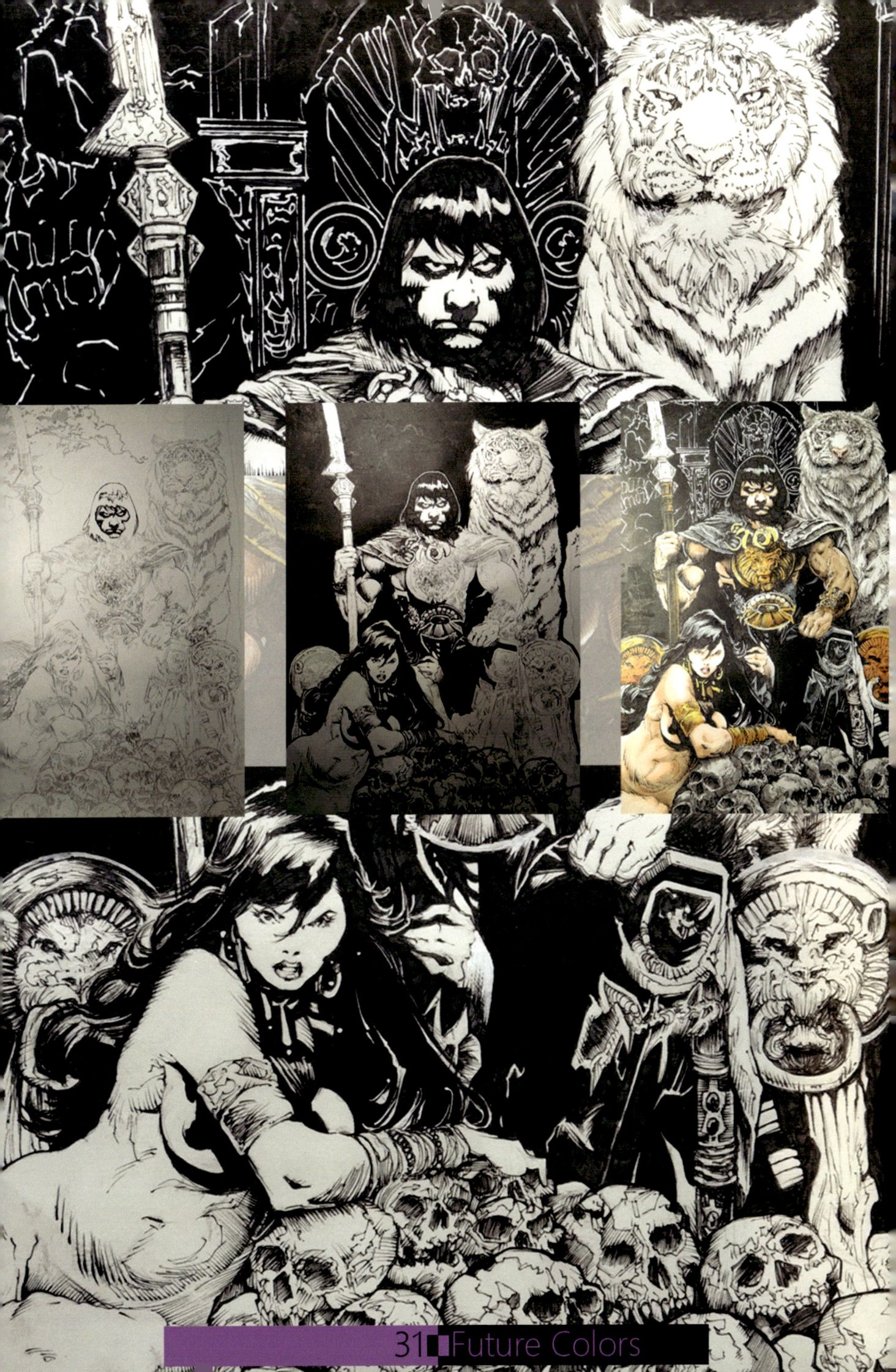

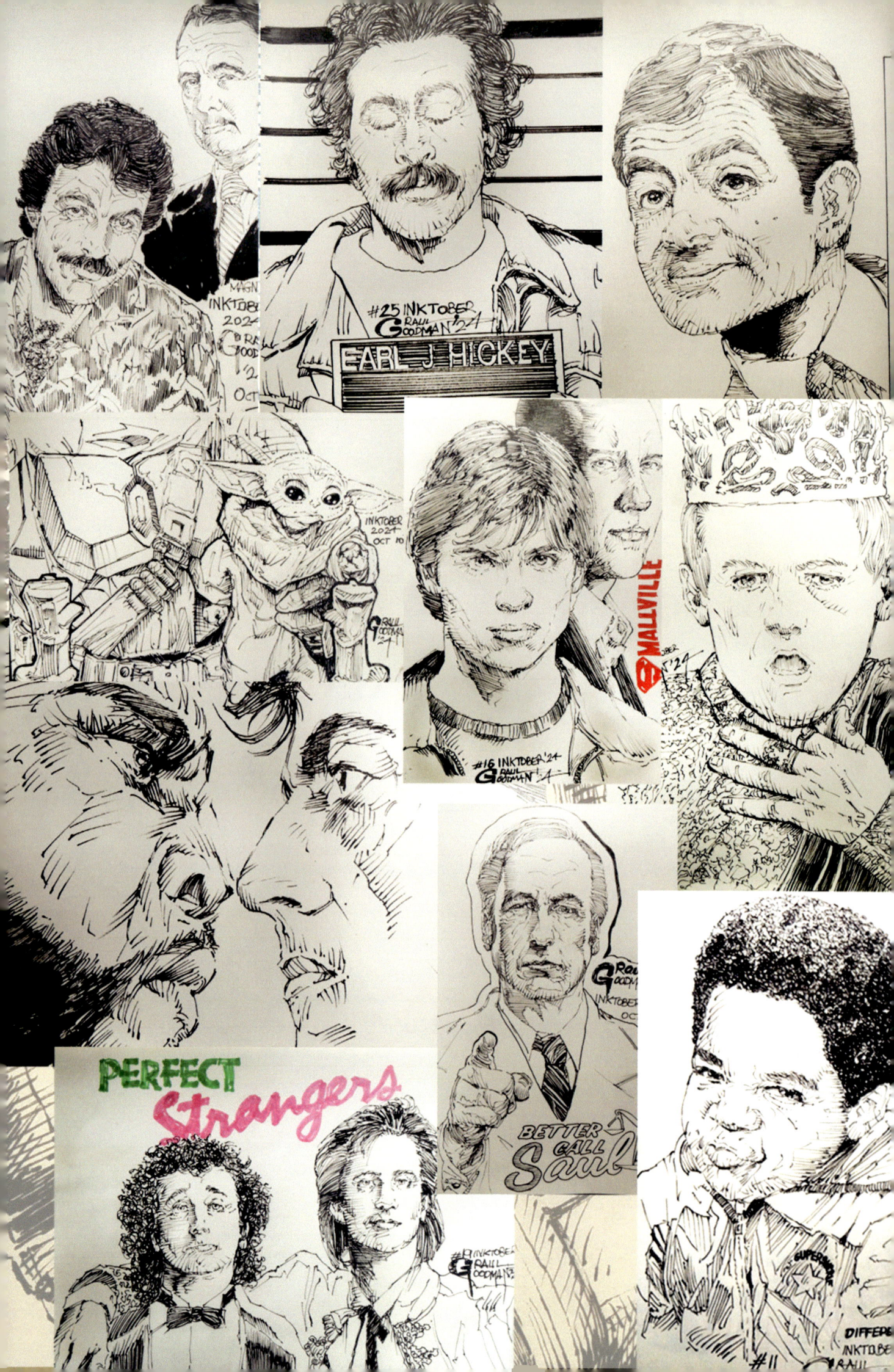

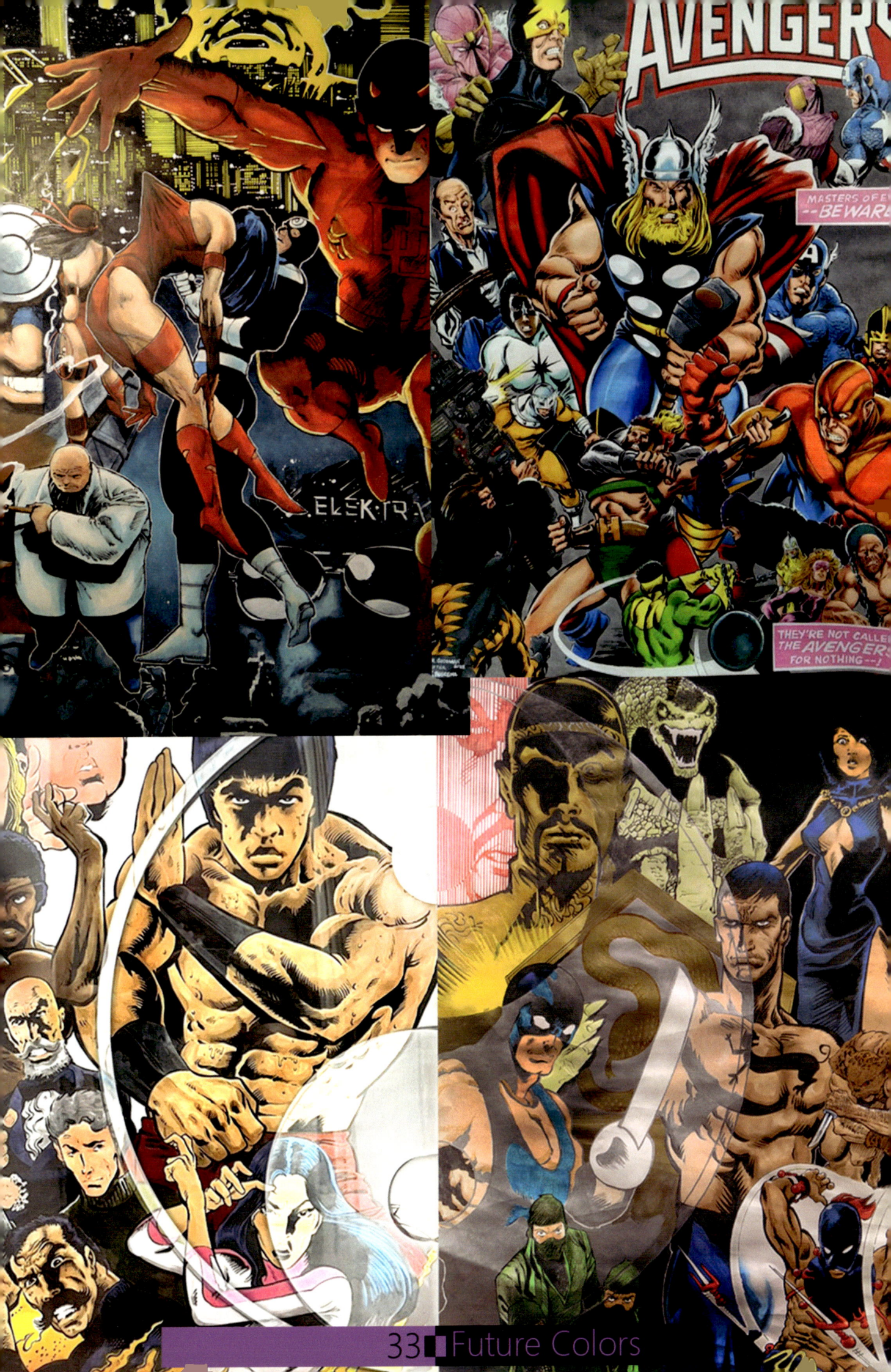

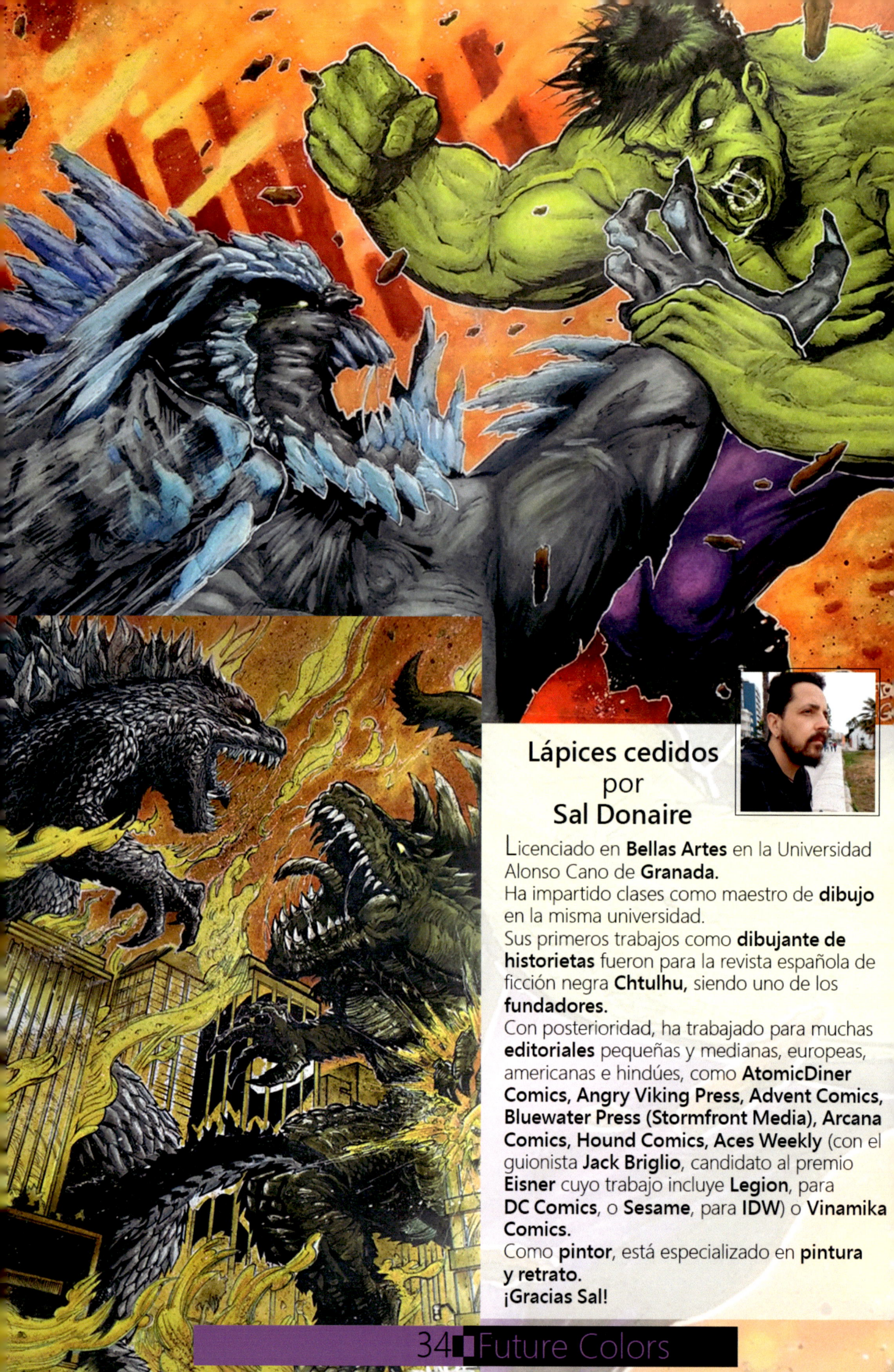

Lápices cedidos por Sal Donaire

Licenciado en **Bellas Artes** en la Universidad Alonso Cano de **Granada**.

Ha impartido clases como maestro de **dibujo** en la misma universidad.

Sus primeros trabajos como **dibujante de historietas** fueron para la revista española de ficción negra **Chtulhu**, siendo uno de los **fundadores**.

Con posterioridad, ha trabajado para muchas **editoriales** pequeñas y medianas, europeas, americanas e hindúes, como **AtomicDiner Comics, Angry Viking Press, Advent Comics, Bluewater Press (Stormfront Media), Arcana Comics, Hound Comics, Aces Weekly** (con el guionista **Jack Briglio**, candidato al premio **Eisner** cuyo trabajo incluye **Legion**, para **DC Comics**, o **Sesame**, para **IDW**) o **Vinamika Comics**.

Como **pintor**, está especializado en **pintura y retrato**.

¡Gracias Sal!

Epílogo

El bueno de Raul me pide que le haga **un escrito** para el recopilatorio en forma de **cuaderno de dibujos**.
Conocí a Raul gracias a **Fernando Acae** y los Podcasts dedicados a Jackie Chan. Fernando dijo que conocía a alguien que era el mayor fan de Jackie de España y que quería implicarse en tan magno proyecto.
Me puse a investigar al individuo en cuestión y descubrí que ya había colaborado con Fernando en algún programa y sobretodo, como buen artista, **su Obra habla por él.**
¡Vaya **mano** tiene el pájaro! No tiene trabajo malo. En esa época eran sobretodo portadas clásicas de Marvel con su toque especial.
Siempre **me han gustado los tebeos** y, como todos, intenté **dibujar a mis héroes** en papel de ese del galgo camuflado, pero no se parecía al original ni por asomo. Intenté trampear con calcos y fotocopias pero estaba claro que no valía ni para dibujar un **Asterix** medio decente, un desastre total. Para colmo, tenía un coleguita en el cole que era un hacha, que sin apenas esfuerzo hacía maravillas. Empecé a saber lo que era la envidia a muy temprana edad. Años después **conozco a Raul** para superar mi trauma de la infancia.
Estoy deseando que nos conozcamos cara a cara, hemos grabado un montón de programas juntos y nos llevamos de lujo. Ambos somos del 78, tenemos **muchas cosas en común** y encima, ha tenido el valor de dejar un **trabajo bien remunerado** para lanzarse a la aventura de vivir su sueño: conseguir ganarse la vida con lo que más le gusta, que es dibujar.
Sigo empeñado que **deje** tanto Marvel, tire para **carteles alternativos de películas** y sepa que no olvido que tenemos que sacar algún libro juntos.

Apoyad a Raul que es un **artistazo del copón** y encima es un Santo Varón de los que **no quedan.**
Incluso tenemos un **Podcast** juntos: Locademia78, dadle amor en Ivoox.

Raúl, haz como James Gunn y deja la **Marvel.**

Edu Godkain,
Podcaster creador de:
   "Follapepinos Podcast"
   "Locademia78"

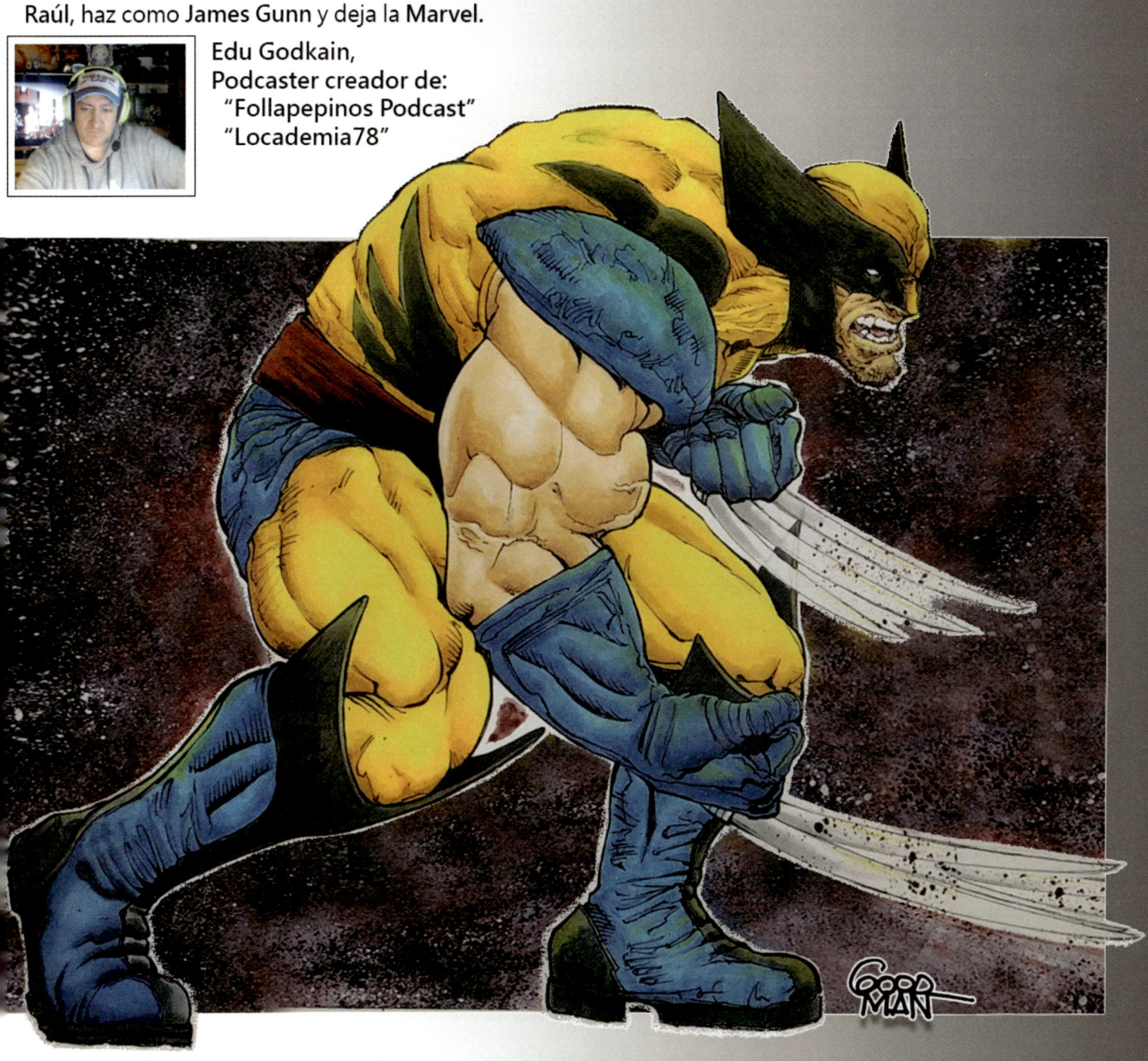

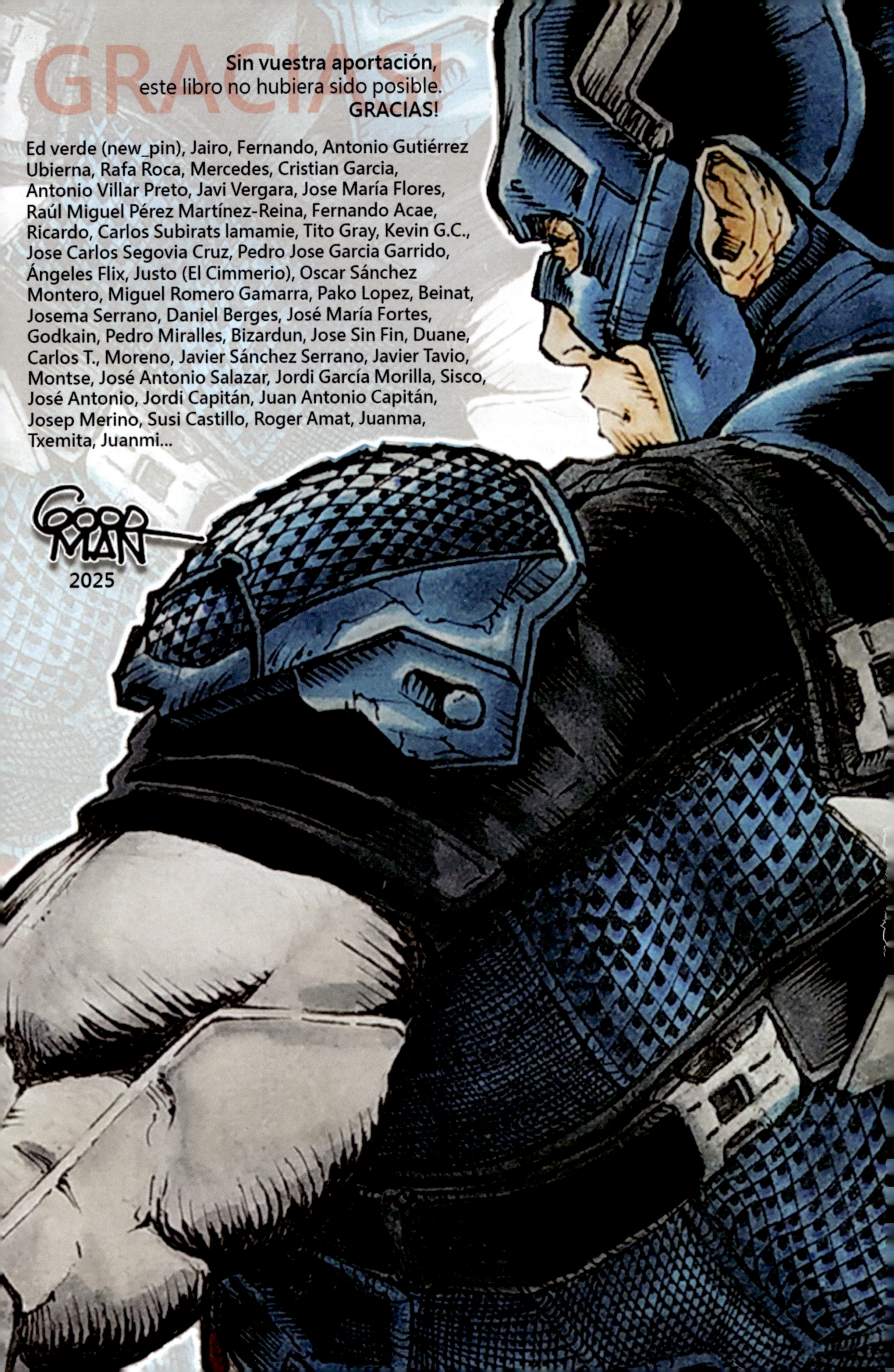

GRACIAS!

Sin vuestra aportación, este libro no hubiera sido posible. GRACIAS!

Ed verde (new_pin), Jairo, Fernando, Antonio Gutiérrez Ubierna, Rafa Roca, Mercedes, Cristian Garcia, Antonio Villar Preto, Javi Vergara, Jose María Flores, Raúl Miguel Pérez Martínez-Reina, Fernando Acae, Ricardo, Carlos Subirats lamamie, Tito Gray, Kevin G.C., Jose Carlos Segovia Cruz, Pedro Jose Garcia Garrido, Ángeles Flix, Justo (El Cimmerio), Oscar Sánchez Montero, Miguel Romero Gamarra, Pako Lopez, Beinat, Josema Serrano, Daniel Berges, José María Fortes, Godkain, Pedro Miralles, Bizardun, Jose Sin Fin, Duane, Carlos T., Moreno, Javier Sánchez Serrano, Javier Tavio, Montse, José Antonio Salazar, Jordi García Morilla, Sisco, José Antonio, Jordi Capitán, Juan Antonio Capitán, Josep Merino, Susi Castillo, Roger Amat, Juanma, Txemita, Juanmi...

GOORMAN

2025